KB181730

한눈에 읽는 외식창업 성공이야기 [시리즈 18]

복고·감성 틈새전략
패스트푸드 전문점

김병욱 지음

킴스정보전략연구소

김 병 욱 소장

킴스정보전략연구소 소장인 김병욱 박사는 소상공인 창업 지원 연구, 개발, 평가, 심사, 위원으로 활동하고 있으며, 삼성그룹사가 작사와 1등을 뛰어넘는 2등 전략과 창업 틈새 전략 외 150여 권의 저서를 발표한 바 있다.

그 밖에 방송·산업체 강의, 평가 등의 활동과 동시 월스트리트저널에 의해 21세기 아시아 차세대 리더에 선임된 바 있는 정보전략가임과 동시 경영컨설턴트이다.

Contents

Ⅰ. 분식 전문점 ····· 1
1. 분식 전문점의 역사와 변천 ····· 3
1) 분식점의 역사와 정의 ····· 3
2) 분식점의 현황 ····· 6
3) 현대 분식점의 특성 ····· 10
2. 분식 전문점의 프랜차이즈 동향 ····· 12
1) 분식 프랜차이즈의 개척 ····· 13
2) 위생과 식재료 품질 향상으로 분식의 프리미엄 화 ····· 14
3) 대형 프랜차이즈 브랜드 분식 기업의 각축전 ····· 16
3. 분식 전문점의 경영 현황 ····· 20
1) 분식집 월매출 ····· 21
2) 커피전문점보다 시장파이가 큰 분식점 ····· 22
3) 분식점 고객 구조와 지역별, 계절별 매출 ····· 23
4. 분식 전문점의 동향과 트렌드 ····· 27
1) 신규 브랜드의 경쟁적 진입 ····· 27
2) 분식 전문점을 위협하는 편의점 간편식 ····· 36
3) 분식전문점의 변화와 멀티 화 ····· 41

Contents

Ⅱ. 샌드위치 ······49

1. 샌드위치 전문점 ······51

1) 샌드위치의 개요 ······51

2) 샌드위치의 유래 ······53

3) 샌드위치의 종류 ······54

2. 샌드위치 전문점 운영 현황 ······55

1) 샌드위치 전문점의 운영 특징 ······55

2) 샌드위치 전문점의 운영 현황 ······57

3. 샌드위치 우수브랜드의 프랜차이즈 성공전략 〈써브웨이〉 ······59

1) 글로벌 브랜드의 파워 경영 ······60

2) 간편식과 웰빙 선호 트렌드 타고 인기 상승 ······60

3) 독특한 운영시스템으로 책임감 있는 투명 경영 ······61

Ⅲ. 돈가스 ······67

1. 추억의 돈가스 ······69

1) 스테디셀러 돈가스 전문점 ······69

2) 추억과 전설의 음식 돈가스 ······70

3) 복고풍 감성 넘어 새로운 아이템으로 진화 중 ······72

2. 돈가스 전문점의 매력 ······78

Contents

1) 등심은 정형이 쉬워 대량화 가능 ······78
2) 식당 형편에 맞는 가격대의 제품 선택 필수 ······79
3) 돈가스는 반찬으로 포지셔닝시 훨씬 매력적 ······81
3. 돈가스 우수브랜드의 프랜차이즈 성공전략 ······82
1) 매운라멘과 왕돈가스의 만남 〈시오도메〉 ······82
2) 웰빙을 뛰어넘는 로하스 먹거리 〈생생돈까스〉 ······86
3) 이모작 창업 가능한 돈가스 전문점 〈카우보이돈까스〉 ······90
4) 20년 한식돈가스맛 그대로 〈101번지남산돈까스〉 ······94
5) 20~30대 공략한 복고풍 콘셉트 〈은화수식당〉 ······98
6) 배달로 즐기는 추억의 돈가스 〈혜화동돈까스극장〉 ······102
7) 20년 돈가스 장수브랜드의 대명사 〈코바코〉 ······108

Ⅳ. 버거 ······113
1. 돌아온 수제버거 열풍 ······115
1) 수제버거 시장의 역사와 발전 ······115
2) 쉐이크쉑 열풍, 수제버거 재도약의 도화선 ······118
3) 프랜차이즈 패스트푸드, 고객 취향 고려한 수제버거 잇따른 출시 ······119
4) 진화하는 패스트푸드, 패스트&프리미엄 ······120
2. 패스트푸드 업체 시장 동향 및 매출현황 ······123

Contents

1) 패스트푸드 업체 시장 동향 및 매출실적 ············123
2) 패스트 프리미엄 추세 반영한 프리미엄 제품이 강세 ············123
3) 노동정책 변화에 키오스크로 대응 ············124
3. 버거 우수브랜드의 프랜차이즈 성공전략 ············125
1) 수제버거 열풍의 장본인 〈쉐이크쉑〉 ············125
2) 직접 개발한 토마토 품종 사용 〈모스버거〉 ············127
3) 미국 정통 버거 추구 〈자니로켓〉 ············128
4) 효율적인 매장과 프리미엄버거 〈브루클린더버거조인트〉 ············129
5) 100% 수제로 만든 버거 〈아이엠어버거〉 ············130
6) 톡톡 튀는 바게트 버거 〈바게트팝〉 ············132

Ⅴ. 핫도그 ············137
1. FC 창업시장의 핫도그 열풍 ············139
1) 복고풍 감성과 가성비로 풀어낸 길거리 음식 ············139
2) 자본·소규모·가성비 모두 갖춘 불황기 맞춤형 아이템 ············140
3) 여름철 비수기 극복이 관건 ············141
2. 핫도그 우수브랜드 성공전략 ············141
1) 가맹 개시 5개월 만에 500호점 계약 〈명랑핫도그〉 ············141
2) 론칭 2년 만에 가맹사업 본격화 〈프랭크서울〉 ············144

Contents

3) 쥬씨의 성공 신화 이어가는 〈88핫도그〉 ······147
4) 차별화된 메뉴로 경쟁력 확보 〈청춘핫도그〉 ······149
5) 프리미엄 핫도그로 차별화 〈비엔나핫도그〉 ······151
6) 롱런 FC의 경쟁력은 역시 품질 〈쏭스핫도그〉 ······153

VI. 창업절차 및 인허가 ······161

1. 창업절차 및 인허가 관련 제도 ······161

1) 창업절차 ······161
2) 인허가 사항 및 관련법규 ······164

2. 상권 및 입지분석 ······166

1) 상권 ······166
2) 우수한 점포입지의 선정요령 ······167
3) 최적의 입지 ······171

3. 사업계획 수립 및 사업성 분석 ······172

1) 사업계획서의 정의 ······173
2) 사업계획서의 내용 ······173
3) 사업계획서 작성시 분석해야할 요소 ······174
4) 사업타당성 분석 ······175
5) 자금운용계획과 손익계산서 ······176

Contents

4. 개업준비와 창업 후 영업개시 요령 ······177

1) 종업원구성 ······178

2) 시설공사, 실내인테리어 ······178

3) 식자재 수급 ······179

4) 홍보(개업안내문, 광고 및 진단 배포 등) ······180

참고문헌 ······183

I

분식 전문점

1. 분식 전문점의 역사와 변천

1) 분식점의 역사와 정의

분식(粉食)은 '밀가루로 만든 음식' 이란 뜻으로 라면, 빵 등을 말한다. 그러나 오늘날 분식은 떡볶이, 라볶이, 라면, 순대, 어묵, 튀김 등의 음식을 싼값으로 많이 주는 음식들을 지칭한다. 쌀이 부족하던 1960년대에는 정부가 분식을 장려하기도 했다. 분식은 메뉴에 따라 다섯 가지로 나눌 수 있다. 떡볶이, 김밥, 우동, 라면, 만두로 구분하였지만 어느 순간부터 튀김과 어묵, 순대 등은 분식점에서 빼놓을 수 없는 단골 메뉴가 되었다.

대표적인 분식 중 하나인 국수요리 또한 특별한 날에만 먹는 별미음식이었으나, 1950년대 밀의 수입량이 증대하면서 국수는 일반화되기 시작하였다. 역사적으로 보면 국수를 삶아 판매하던 국수집이 오늘날 분식점의 근거가 된다. 냉면 및 칼국수 등은 각각 전문점으로도 입지가 확고해지고 분식점에서도 빼놓을 수 없는 메뉴로 자리매김하였다. 서울 사람들이 유두면을 비롯한 밀가루로 만든 음식을 먹을 수 있었던 시기는 조선 후기로 전해진다. 조선시대에 국수를 제조하는 기계가 만들어지면서 국수를 파는 집이 생기고, 국수가 상품화되었지만 우리나라 풍토상 밀농사가 소규모에 그쳤고 메밀은 한랭한 일부 고장에서만 재배되었다. 1930년대에 우리나라에서 재배하기 좋은 개량종 밀을 농촌에 보급하기 시작하였고, 해방 후 무상 원료로 밀가루를 받기 시작하여 1945년 최초로 한국인이 주인인 '상미당' 이라는 빵집이 등장하였다(주영하, 2013). 1960년대에 미국으로부터 대규모의 밀가루가 도입되고, 쌀 소비를 줄이기 위하여 혼·분식 장려운동과 수요일과 토요일은 쌀을 먹지 않고 분식을 먹는 '분식의 날' 을 정하여 분식 소비를 장려하기도 했다.

주영하(2013)는 1972년부터 칼국수집이 문전성시를 이루며, 일반 가정집에서도 빵과 국수로 식사를 하고 만두, 쫄면, 냄비우동, 떡볶이 등을 파는 분식점이 본격적으로 증가하기 시작했다고 하였다. 이후 특히 학교나 학원가에서 떡볶이 등의 간식을 파는 형태로 분식점은 확장되어 갔고, 이때에 분식은 식사의 개념이 아닌, 학생들이 주 소비층이 되는 길거리 음식 중 한 형태로 인식이 되었다.

21세기에 들어서면서 국민소득이 증가하고 사회구조가 맞벌이와 1인가구 등이 많아지고, 전반적인 사회가치관의 변화와 더불어 식생활의 변화를 가져왔다. 자신과 가족의 건강 및 장수에 대한 관심이 증가하고, 주부들의 사회 활동이 늘어남에 따라 가사노동시간을 효율적으로 줄일 수 있는 방법들이 필요하게 되었다. 가능한 간편하고 빠르게 식사를 하기 위한 편의성을 추구하여 다양한 종류의 음식을 먹고 더 많은 외식을 하게 되었고 식사의 장소와 종류에도 변화가 생기게 된 것이다.

사전적 정의에 따르면 분식은 밀가루 유형으로 만든 음식이라는 뜻이며, 가루로 만든 음식을 먹는다는 뜻을 내포하고 있다. 한문의 뜻을 그대로 풀이하면 '가루음식' 이라고 정의 할 수 있는데, 분식집은 국수나, 만두, 튀김, 우동, 빵과 같이 비교적 간단하고 빠르게 먹을 수 있는 음식 등을 파는 식당을 일컫는다.

한국표준산업 분류에 따른 분식 및 김밥전문점은 음식점업 아래 세분류인 기타음식점업 안에 위치한다(한국외식연감, 2013). 최근 소상공인 진흥원에서 발간한 『분식점 창업가이드』에 따르면 분식 전문점의 일반적 정의는 '생계형 및 소자본' 이라는 특성을 가진 스낵, 라면집, 김밥집, 만두집, 기타 소규모의 간이 음식점이라고 하며, 현대 분식업은 독립점포 또는 프랜차이즈 점포로 구분되어진다.

1994년부터 주방을 홀로 끌어들이며 매장전면에서 김밥을 말아 판매하는 '김家네' 의 등장으로 분식 프랜차이즈가 본격적으로 시작하게 되었다. 곧 '종로김밥' , '충무김밥' , '압구정김밥' 등 다양한 김밥브랜드가 경쟁을 벌이며 '김밥 전문점' 이 성장했다.

이와 같이 분식업계는 큰 카테고리로 계속 성장하고 있고, 김밥과 동시에 떡볶이 전문점, 일본식 우동 전문점과 '장우동', '용우동', '한우동' 같은 한국형 우동 전문점도 분식시장에서 증가하고 있는 추세이다. 특히 분식점의 프랜차이즈화가 이루어지면서 가장 눈에 띄게 된 것 중 하나는 메뉴의 다양성과 변화다.

떡볶이, 라볶이, 라면, 순대, 어묵, 튀김 등을 판매하던 분식점이 김밥류, 찌개류, 볶음밥류, 비빔밥류, 일품요리(돈가스, 오므라이스)등 다양한 메뉴를 저렴한 가격에 제공하여 군것질보다는 식사를 할 수 있는 장소로 변화하게 된 것이다.

2) 분식점의 현황

바쁜 일상과 다변화된 사회적 변화는 식사의 형태를 외식으로 변화하게 하여 대학가에서는 도시락 문화가 사라지고 분식점이나 패스트푸드점들의 점포수가 늘어나게 되었다(이진경, 2009).

통계청(2015)의 자료에 의하면 2007년부터 2009년까지 분식점 사업체 수는 약간의 하락세를 보였으나, 2011년부터 2013년까지 다시 사업체수가 증가하여 현재 외식시장에서 큰 비중을 차지하고 있음을 알 수 있다. 2015년 말 기준 분식점은 43719개의 점포가 운영중이며 매출은 2015년 말 기준 평균 8000만원인 것으로 나타났다.

〈표1〉 최근 분식점 사업체수 분석

시도별	산업별	2008	2010	2012	2014	2016	2017
전국	분식 및 김밥 전문점 사업체수	43,719	45,070	45,454	45,701	45,928	52,063

자료 : 통계청(2017).

패스트푸드 레스토랑의 시작은 1979년 국내 롯데리아의 등장을 시작으로 패스트푸드의 용어가 사용되기 시작하였다. 1980년대 초의 외국계 글로벌 외식기업들의 활발한 국내시장의 진입과 국내 순수 브랜드 패스트푸드 레스토랑의 탄생으로 오늘날 우리나라 국민의 식문화에 많은 브랜드의 패스트푸드 레스토랑이 생활 깊숙이 자리 잡고 있다.

여기서 패스트푸드는 '반 조리된 식품을 주문과 동시에 간단하게 가게에서 조리를 하여 손님께 바로 곧 먹을 수 있도록 제공되는 음식' 을 말하며 최근에는 분식점들이 프랜차이즈화 되면서 패스트푸드 시스템 구조로 전환된 곳이 많아졌다.

통계청 조사에 따르면 2008년 이전까지는 전국의 분식점이 감소

세를 보였으나, 2008년부터 프랜차이즈 분식점이 꾸준히 매장수가 증가하고, 이 같은 프랜차이즈 분식점의 증가는 전체 분식점 시장의 성장을 키우는 원동력이 되었다(아시아투데이, 2013).

김두진(2012)에 의하면, 아침을 먹는 응답자는 '편의점' 이나 '분식전문점' 에서 대체로 '김밥/주먹밥' 등을 사먹는 경우가 많았으며, 집 밖에서 아침을 먹는 응답자 10명 중 7명가량은 약 '2천원~5천원' 을 아침 식사용 음식 구매에 비용을 지출하는 것으로 나타냈다.

대학생들이 대학가 분식점을 이용하는 특성 중에서 분식점을 식사장소로 정한 이유에 대한 분석결과는 맛이 좋기 때문이 가장 높게 나타났고, 다음으로 비용, 기타의 순으로 중요하게 생각하고 있었으며, 친구들과 어울리기 위해 분식점을 찾는 응답자는 많지 않은 것으로 조사되었다.

일반적 특성별 분식점 선호 이유에 대한 결과는 성별에 따라서 차이를 보였는데, '음식이 다양해서' 는 여성이 남성에 비해 상대적으로 높게 나타났다. 비용은 남성이 여성에 비해 매우 중요하게 생각하는 것으로 나타나, 남성은 맛 못지않게 비용 때문에 분식점을 이용하는 것을 알 수 있다.

〈표2〉 김밥 / 떡볶이 / 만두 전문점 프랜차이즈 현황

브랜드명	회사명	가맹점수	매출액 (천원)
김家네	㈜김家네	409	28,090,594
김밥천국	㈜정다믄	266	590,824
종로김밥	㈜제이알	92	3,663,910
아딸	㈜오투스페이스	642	25,678,736
죠스떡볶이	㈜죠스푸드	388	56,029,269
국대떡볶이	㈜국대F&B	126	9,886,480
명인만두	㈜명인F&B	121	10,457,683

자료 : 공정거래위원회, 가맹사업거래 정보공개서(2015).

〈표2〉의 김밥과 떡볶이, 만두 전문점의 가맹점 수와 매출액 현황은 전체 외식시장에서 큰 비중을 차지하고 있음을 알 수 있다.

김밥 전문점에서는 주 요리인 김밥을 비롯한 라면, 떡볶이, 어묵

국 등 다양한 분식을 판매하며, 영업형태는 개인의 독립적인 가게와 가맹점 또는 직영점으로 운영하는 프랜차이즈 체인점이 있다. 대표적인 김밥 프랜차이즈에는 김가네, 김밥천국, 종로김밥, 김밥나라, 고봉민김밥 등이 있다.

3) 현대 분식점의 특성

현대사회에서는 다양한 소비문화가 증가하면서 일반적인 문화 중에서 소비문화가 차지하고 있는 비중이 매년 커지고 있는 추세이며, 음식 문화 자체에도 큰 영향을 끼쳐서 기존 음식의 평가기준이 바뀌고 다양해지게 되었다.

과거에는 영양과 맛이 음식 선택의 기준이었다면, 현대는 음식점의 분위기와 서비스가 점차 중요시 되고 있는 실정이다. 김지원(2014)은 소상공인을 위한 디자인 가이드 매뉴얼 연구에서 이용 고객이 어떻게 점포를 선택하며 점포 내에서 어떠한 의사결정을 하는지를 아는 것은 소매 마케팅 전략의 기본이요, 출발점으로서 이용고객을 이해하는데 필수적인 과정이라고 하였다.

〈표 3〉에서 로고와 간판 같은 디자인적 요소가 분식점 선택의 중요 요소로 작용하는 가에 대한 질문에는 절반이 넘는 82명(73%)의

소비자가 영향을 준다고 답했고, 분식점 선택에 영향을 미치는 구체적 디자인 요소(로고와 간판은 제외)로 인테리어, 포장 및 용기를 뽑은 소비자는 각각 44명(31%)였으며 그 밖의 답변은 시각광고물 40명(28%), 유니폼 8명(6%), 기타 6명(4%)의 순으로 나타났다.

동일 가격을 전제로 했을 때 친근하고 좋은 디자인의 구매행동 연결에 영향을 끼치는가에 대한 질문에는 매우 도움이 된다는 의견이 51%(57명)로, 분식점 선택 시 디자인의 역할이 구매행동에 직접적인 영향을 미치는 것으로 조사되었다.

김미정(2008)은 분식점을 찾는 고객들의 선택기준에 대하여 학생은 양과 가격, 일반인은 맛과 분위기, 여성은 분위기와 이미지를 중시하고 있는 반면 장년층은 이용의 편의성을 중시한다고 하였고, 이정아(2008)는 음식의 맛이 소비자의 선택에 미치는 영향도 크지만 이제는 어디에서 식사하는가에 따라 심리적인 것과 물리적인 면에 많은 영향을 끼치게 되었다고 하였다.

다른 외식업체보다 패스트푸드점을 이용하는 고객들이 재방문 의도에 가장 크게 영향을 끼치는 것은 서비스를 이용했을 때 고객들이 느낀 '만족도'인 것으로 드러났다(김석준 · 정광현 · 조용범, 2008).

〈표3〉 분식점 선택시 디자인의 중요도

<table>
<tr><th colspan="5">분식점 선택 시 로고나 간판 등이 중요한 영향을 준다고 생각하십니까?</th></tr>
<tr><td colspan="2">그렇다</td><td colspan="2">아니다</td><td>계(명)</td></tr>
<tr><td colspan="2">82(73)</td><td colspan="2">30(27)</td><td>112(100)</td></tr>
<tr><th colspan="5">로고나 간판 외에 분식점 선택시 영향을 주는 요소는 무엇입니까?
예) 시각 광고물, 포장 및 용기, 인테리어, 유니폼, 기타 (복수응답가능)</th></tr>
<tr><td>시각 광고물 (전단, 메뉴판 등)</td><td>포장 및 용기</td><td>인테리어</td><td>유니폼</td><td>기타</td></tr>
<tr><td>40(28)</td><td>44(31)</td><td>44(31)</td><td>8(6)</td><td>6(4)</td></tr>
<tr><th colspan="5">동일한 가격이라면 친근감 있고 좋은 디자인이 분식점 선택에 영향을 준다고 생각하십니까?</th></tr>
<tr><td>매우 도움이 된다</td><td>도움이 된다</td><td>보통이다</td><td>도움이 되지 않는다</td><td>매우 도움이 되지 않는다</td></tr>
<tr><td>57(51)</td><td>36(32)</td><td>9(8)</td><td>6(5)</td><td>4(4)</td></tr>
</table>

자료 : 김지원, 소상공인을 위한 디자인 가이드 매뉴얼 개발 연구(2014).

2. 분식 전문점의 프랜차이즈 동향

오늘날 분식 프랜차이즈는 주메뉴에 따라 전문점을 표방하면서도 서브 메뉴가 많다는 것이 공통된 특징으로 그 대표적인 것이 김밥전문점이다.

현재 음식점에서 취급하고 있는 메뉴는 라면과 떡볶이, 우동, 돈가스, 덮밥 등 웬만한 분식은 물론 한식, 양식 메뉴까지 수십 가지가 넘는다.

1) 분식 프랜차이즈의 개척

분식 프랜차이즈의 본격적인 물꼬를 튼 것은 1994년이다. 주방을 홀로 끌어내며 매장 전면에서 김밥을 말아 판매하는 〈김家네김밥〉이 그때 등장했다. 〈김家네김밥〉은 1994년 대학로에서 즉석김밥이라는 블루오션을 개척했다.

대학로라는 이점을 이용해 대학생을 주요 고객으로 설정했다. 당시 대부분의 김밥집들은 세 가지 정도의 속 재료를 넣은 김밥을 주방에서 말아 쌓아놓고 손님이 오면 썰어서 내주는 식이었으나, 〈김家네김밥〉은 아홉 가지 이상의 속 재료를 사용해 고객이 볼 수 있는 장소에서 즉석으로 김밥을 말아 주는 콘셉트였다.

김밥을 마는 조리과정을 길거리에서도 훤히 볼 수 있게 쇼윈도형으로 꾸며놓았는데, 이것이 젊은 고객층을 매장으로 끌어들이는 역할을 했다. 점포 인테리어도 당시 분식집으로서는 심플하면서도 깔끔한 이미지로 디자인했다. 〈김家네김밥〉에 이어 〈종로김밥〉, 〈충무김밥〉, 〈압구정김밥〉 등 다양한 김밥 브랜드가 경쟁을 벌이며 김밥

전성기를 구가했다. 이때 우동전문점도 함께 등장하게 되는데 〈장우동〉, 〈용우동〉, 〈한우동〉이 대표적이며, 이들은 우동 외에도 김밥이나 떡볶이를 함께 취급했다.

떡볶이, 라볶이, 라면, 순대, 어묵, 튀김 등을 판매하던 분식점이 프랜차이즈점으로 발전하면서 김밥류, 찌개류, 볶음밥류, 비빔밥류, 일품요리(돈가스, 오므라이스) 등 다양한 메뉴를 저렴한 가격에 제공해 군것질보다는 식사하기 위한 장소로 거듭나게 되었다. 또한 떡볶이와 김밥, 국수, 튀김만을 전문점으로 취급하는 업소도 늘어나고 있는 추세다.

2) 위생과 식재료 품질 향상으로 분식의 프리미엄 화

1994년 〈김家네김밥〉이 김밥으로 프랜차이즈에 성공했다면, 2000년 〈아딸〉이 떡볶이와 허브튀김으로 세상에 나온 시기다. 〈아딸〉의 경우 2000년 11월 3000만원으로 26.45㎡(8평) 짜리 떡볶이 가게를 시작하여 입소문을 타게 되면서 2003년 4월 〈아딸〉로 탄생하게 된 것이다.

현재 〈아딸〉은 1000호가 넘는 가맹점을 둔 기업으로 성장했다. 초기 〈아딸〉의 메뉴 개발은 이곳 대표의 장인이 운영하던 문산 튀김집에서 기술을 전수받은 것으로부터 시작했다. 당시 어른들은 떡볶이를 잘 사 먹지 않았는데 그 이유로 '위생' 을 꼽았다. 따라서 무엇보다도 위생에 신경을 써 가게를 깨끗하게 하고, 직원들에게 단정한 유니폼을 입혔다.

또 웰빙 열풍에 관심을 두고 튀김가루에 허브를 첨가했으며 식용유는 다양한 기름을 섞어 맛있는 비율을 찾아 사용했다.

〈아딸〉의 대표는 2002년 서울 논현동 뒷골목 지하에 조그마한 방을 얻어 배달을 전문으로 시작했다. 배달 사업이 활성화되면서 당시 외식업 입지로는 아무도 눈여겨보지 않았던 가로수길에 첫 번째 매장을 오픈했다. 분식이지만 인테리어를 카페처럼 꾸미고, 카페나 레스토랑에서 제공하는 서비스와 음식도 조금 더 가치 있어 보이도록 하기 위해 담음새와 그릇에 신경을 써서 고객들에게 제공했다.

쌀과 배추, 돼지고기, 닭고기 등 대부분의 원재료는 국내산으로 사용하고 , 태양초 골드 고추장, 완도산 김 등 음식의 맛과 질을 높이는 원재료를 선택했다.

체계적이고 효율적인 레시피와 소스, 〈아딸〉만의 노하우로 담근 장아찌를 바탕으로 한 다양한 메뉴가 타 분식업체와는 차별화된 경쟁력이 된 것이다.

3) 대형 프랜차이즈 브랜드 분식 기업의 각축전

2007년 9월 서울 안암동 고려대 인근에서 약 23.14㎡(7평)으로 시작한 〈죠스떡볶이〉의 대표는 떡볶이 레시피와 매운 떡볶이, 수제 튀김, 찹쌀순대, 부산어묵 등 4가지 주력 메뉴의 식재료를 찾기 위해 전국 50여 곳의 떡볶이 맛집을 찾아 쓰레기통까지 뒤지고 다녔다고 한다.

튀김유와 튀김가루는 오뚜기, CJ제일제당 등과 공동 개발한 전용 재료를 사용했다. 〈죠스떡볶이〉의 떡 길이는 3.5㎝로 통일하고 있는데, 립스틱 때문에 떡을 잘라먹는 버릇이 있는 20~30대 여성들이 한 입에 먹을 수 있도록 하기 위해서다. 〈죠스떡볶이〉는 현재 가맹점 약 550개 등을 보유하고 있는 외식 대기업으로 성장했다.

2013년 7월 론칭한 죠스푸드의 김밥 브랜드 〈바르다김선생〉도 폭발적인 인기를 이어가고 있다. 김, 단무지, 계란, 햄, 쌀 등 식재료를 고급화해 프리미엄 김밥 시장에 안착했다.

2009년 부산 남구 용호동에서 시작해 입소문을 타면서 출발한 〈고봉민김밥人〉은 부산지역 김밥 명소로 이름을 날리다가 프리미엄 김밥 브랜드로 성장했다. 돈가스 김밥, 떡갈비 김밥, 매운 김밥, 새우 김밥 등 독특한 메뉴는 전국으로 확산시키기에 충분했다.

2016년 500호점을 달성했다. 〈스쿨푸드〉가 분식을 요리로 탈바꿈해 한국식 캐주얼 레스토랑으로 시장을 개척했다면 〈고봉민김밥人〉은 프리미엄 김밥으로 프랜차이즈에 성공한 사례다.

프리미엄 김밥 카페 〈바푸리〉는 2013년 기존 프리미엄 분식과 카페를 하나의 콘셉트로 시장에 선보인 후 2014년 250호점을 달성했다.

반면 기존 1세대 중저가 김밥 프랜차이즈 기업들의 가맹점 수는 2016년 기준으로 보면 답보 상태에 있다. 2015년 대형 프랜차이즈 분식 기업들이 각축전을 벌인 가운데, 메뉴 경쟁력이 부족한 독립점포들은 설자리가 더욱 부족해지고 있다. 또한 분식은 카페나 기타 이업종 간의 융합을 통해 새로운 콘셉트로 시장에 진입할 가능성이 크다. 이미 화덕피자와 떡볶이, 짬뽕과 피자 등 전혀 예견할 수 없는 업종 간 콜라보레이션이 눈에 띄게 등장했다.

하지만 신 메뉴 개발은 타사의 메뉴를 흉내 내는 수준에서 벗어나 새로운 창조적 활동이 필요하다. 그래서 사업주 혼자 아이디어를 만들어 내는 협의 시안보다는 종업원과 고객, 주위 조언자들과 함께 하는 위키 경영(Wikimanagement)이 대세다. 위키 경영은 위키의 개념을 경영에 접목한 경영방식으로, 직원이 경영에 참여해 빠르고 창의적으로 문제를 해결하는 경영시스템으로 관리적 의사결정을 참여형 의사결정으로 바꾼 것이다.

외식 대기업은 R&D 부서에서 신메뉴를 정기적으로 개발하지만 일반적인 외식업소는 개발이 어려운 실정이다. 또 사업주의 입맛보다는 늘 소비자의 입맛이 경쟁을 좌우한다. 언론에 보도된 '패밀리 레스토랑의 몰락' 을 보면 2005년까지 최고의 전성기를 누렸던 패밀리 레스토랑의 경우 내수 침체와 외식 트렌드의 변화, 획일적 콘셉트라는 삼중고에 빠지면서 생존이 위태로운 상황이다. 이들 기업은 적극적으로 신메뉴를 지속적으로 출시하고 유명 배우를 내세워 마케팅 활동을 꾸준히 해왔음에도 실패를 피하지 못하고 있다.

신메뉴는 단순한 조리법만을 개선하는 것이 아니다. 아무리 맛있는 음식이라도 고정된 개념을 탈피하지 않는 상황에서 개발된 메뉴는 몇 회는 응용이 가능하나, 시스템적으로 변화가 요구되는 시기에서는 더 이상 수용될 수 없는 상황에 직면하게 된다. 아직도 1세대가 경영 일선에서 진두지휘하고 있는 외식기업 중 답보상태에 있는 곳들은 고정관념을 탈피하지 못하고 있다.

전체적으로 분식프랜차이즈 업계는 프리미엄 김밥브랜드가 사업을 본격화하여 간식에 그쳤던 분식이 식사와 외식으로 변모하면서 성장하고 있다. 높은 가격에 마진을 최소화한 사이드 메뉴의 종류도 다양해지면서 메뉴의 양극화가 나타나고 있으며, 메뉴뿐만 아니라 매장 인테리어도 카페형으로 꾸며 다양한 연령층의 고객이 방문하도록 하고 있다. 경기가 나빠질수록 신규 창업자들은 대중성과 안정성을 담보하는 업종을 찾게 되는데 가장 눈에 띄는 업종이 한식과 프리미엄 김밥전문점이다. 김밥전문점은 분식 전문점 시장을 대체하면서 안정적으로 시장의 트렌드를 주도하고 있다. 〈바르다김선생〉이 시장을 이끌어가는 가운데 〈고봉민김밥〉 등 새로운 브랜드가 생겨나고 있다. 2013년 7월 론칭한 〈바르다김선생〉 프랜차이즈는 〈죠스떡볶이〉 브랜드를 가진 죠스푸드가 운영하고 있다. 2007년 론칭한 〈죠스떡볶이〉는 떡볶이와 김밥의 연이은 성공으로 2014년 죠스푸드 본사 매출은 1000억원을 돌파했고, 이 중 〈바르다김선생〉의 비중은 20% 정도를 차지하고 있다.

김가네는 프리미엄 김밥 브랜드로서 입지를 확고히 하면서 브랜드 리뉴얼과 신메뉴 개발 등의 사업을 진행하고 있다. 브랜드 간 경쟁이 치열해지고 수익률도 악화되고 있는 구조의 돌파구로 해외진출을 선택한 기업들도 많다. 김가네는 중국시장에 진출해 베이징을 시작으로 칭다오 등에 본사의 직접 운영보다는 간접투자 개념의 마스터 프랜차이즈계약을 통한 안정적인 형태로 사업을 확대하여 중국가맹점이 지속적으로 증가하고 있다.

〈아딸〉은 새로운 상권개발과 프리미엄 아딸 브랜드를 론칭한 후 본격적으로 특수매장을 늘려나가고 있다. 특히 휴게소, 마트, 백화점 등 특수 상권 오픈에 주력하여 매출 상승에 주력하고 있다.

〈스쿨푸드〉는 캐주얼 한식 브랜드로 브랜드 리뉴얼을 단행하였으며, 〈얌샘〉은 메뉴개편과 맛을 업그레이드한 신규 브랜드 론칭으로 경쟁력을 강화하고 운영의 안정화를 도모하는데 주력하였다. 또한 다브랜드 전력과 사업다각화 전략을 계획하고 있다. 또한 특화된 서비스, 카페형 인테리어와 프리미엄 메뉴 및 이색메뉴를 출시해 소비자 선택의 폭을 넓혔다.

3. 분식 전문점의 경영 현황

한국 경제가 끝 모를 추락을 거듭하고 있다. 현재 우리나라가 겪고 있는 가계소득 둔화, 내수부진, 저금리 정책으로 쌓여온 가계부채의 부실화, 저출산 고령화로 인한 노동력 감소, 부동산 경기의 경착륙 등 일련의 현상들이 일본의 '잃어버린 20년'을 닮아가고 있다. 실제로 IMF가 보고한 '2015 World Economic Outlook'에 따르면 신흥국의 GDP는 평균 5~6%의 성장을 지속하고 있지만, 선진국들의 세계 평균은 3%대에 머물러 있다.

1) 분식집 월매출

일반적으로 분식집은 적은 자본에다 매출액 편차가 적고 진입장벽이 낮아 비자발적 창업이라 할지라도 비교적 안정적인 업종이라고 생각하기 때문에 경기가 침체되더라도 영향을 적게 받는 업종이다.

실제로 최근 3년간 우리나라 경기가 침체일로에 있음에도 분식집 창업은 꾸준히 늘어나 2013년에 2만4300개에서 2014년에는 2만5800개, 2015년 2만9300개로 전년대비 3500개나 늘었다. 월평균 매출 역시 2140만원에서 2320만원, 그리고 2530만원으로 다소 늘고 있는 추세다. 자영업 전체로 보면 매년 창업자 수가 줄고 있음에도 유독 분식점이 계속해서 늘고 있는 것은 베이비부모들의 은퇴시기와 맞물려 생계형 1인 창업자들의 상당수가 분식점을 선택했기 때문이다. 사업자등록상 분식집으로 등록한 자영업자는 전국에 4만개 남짓이지만 유사 업종으로 등록한 경우까지 감안하면 약 5만개가 넘는 사업체가 영업 중인 것으로 예측하고 있다.

시도별 비율을 보면 서울이 전체의 28.5%가 있고, 경기도에 24.4%가 있어 둘 중 한 개는 수도권 지역에 몰려있다. 다음은 경남이 6.4%, 부산이 5.9%다. 홍미로운 사실은 경기도가 총인구에서 차지하는 비중이 24.2%인데 분식집도 24.4%여서 대체로 균형이 잡혔지만, 서울은 인구 비중이 19.6%인데 분식집은 28.5%나 된다(2015년 기준). 서울은 이미 과포화라는 얘기다. 인구 대비 점포수가 경기도보다 서울이 많음에도 불구하고 매출은 서울이 높다. 그만큼 서울에는 분식으로 끼니를 때울 만큼 숨 가쁘게 살아야 하는 사람들이 많음을 상징적으로 보여주고 있는 것이다.

2) 커피전문점보다 시장파이가 큰 분식점

그렇다면 우리나라 분식집의 시장규모는 어느 정도일까? 마이크로 데이터의 메카 '(주)나이스지니데이터' (2015년 기준)를 통해 분석해 본 결과를 보면 약 9조원에 가까이 되는 것으로 나타나고 있다. 이 정도 규모는 자영업의 대명사라 할 수 있는 치킨전문점의 10조2000억원보다는 적지만 중식의 7조2000억원이나 커피전문점의 6조9000억원보다도 크다는 사실에서 통계로만 보면 결코 동네 장사라는 느낌이 들지 않을 만큼 상당한 시장규모를 이루고 있음을 알 수 있다.

좀 더 세부적으로 들어가 보자. 전술한 바와 같이 분식집의 전국 월평균 매출액은 2530만원이다. 이에 비해 서울은 3370만원, 경기도는 2840만원의 매출을 올리고 있다.

〈표4〉 전국 분식집 영업현황 비교

(단위 : 천원)

	월평균 매출액	중위 매출액	점포 수(개)	업력(년)	주소비층
전국	25,332	13,447	29,370	3.1	40대(34.5%)
서울	33,705	19,036	7,357	3.6	30대(34.6%)
경기	28,463	17,794	6,308	3.2	40대(36.4%)

자료 : 이형석, ㈜나이스지니데이터(2016, 118-119).

〈표4〉에 대한 설명을 덧붙이자면 평균 매출이 높다고 분식집을 창업해서는 이 정도의 매출을 올릴 수 없다. 글자 그대로 평균은 모든 점포의 매출을 더해서 다시 점포수로 나눈 값이기 때문에 대체로 높게 나오는 경향이 있다.

3) 분식점 고객 구조와 지역별, 계절별 매출

(1) 고객층 여성보다는 남성의 40대 초반 비중이 높다.

분식집을 찾는 고객을 성별로 보면 그 비율은 58:42로 남자의 비중이 약간 높았다. 연령별로는 30세~45세 사이가 53%로 가장 많았는데 특히 40대 초반 비중이 높다. 반면에 가장 많은 비중을 차지할 것으로 생각됐던 20대는 의외로 적은 14.3%에 불과하다.

요일별로는 평일과 주말이 각각 69%와 31%로 주 중에는 금요일,

비중이 가장 높다. 하지만 평일의 요일별 차이는 그리 큰 편차를 보이지는 않았다. 시간대별로는 역시 점심시간인 12시~15시 사이와 저녁시간대인 18시~21시 사이에 집중된다. 그래서 직장인과 학생들 간에 어떤 점에서 차이가 나는지 알아보기 위해 서울 여의도 학원가가 밀집해 있는 노량진을 비교했을 때, 노량진은 1만원 이하가 73.5%로 대부분이 소액결제를 한 반면, 여의도는 평균 1만7000원으로 나타났다. 연령별로 보면 25세~35세 사이가 가장 많았고, 여의도는 30세~45세 사이가 고루 분포되어 있는 것으로 나타났다. 요일에 있어서는 상권 특성상 노량진은 일주일이 고루 나타나는 반면에 여의도는 주말 매출이 평일의 20% 수준에 그치고 있는 점에서 지역 간 같은 메뉴일지라도 소비금액에서 뚜렷한 차이가 있음을 알 수 있다.

(2) 서울은 서초, 성동, 은평구가 유망지역, 경기도는 성남시 우세

분식 업종을 세분화해서 볼 때 세부 업종 중 떡볶이, 라면, 김밥집은 노량진이 우세하지만 만두, 칼국수는 여의도가 단연 매출이 높은 것으로 나타났다. 특히 만두, 칼국수집은 노량진에는 10개 밖에 없지만 여의도에는 36개나 영업 중인 것으로 나타나 확연한 차이를 보여주었다. 그리고 학원가에서는 분식 중에서 떡볶이, 라면, 김밥 등이 잘 되는데 객단가가 낮아야 하고, 오피스 지역에서는 만두와

칼국수집이 다른 분식에 비해 유리한 것으로 판단할 수 있다. 그렇다면 서울의 경우, 어느 지역에서 창업이 가장 유망할까? 유망한 상권을 찾으려면 크게 두 가지 지표를 참고하면 되는데 매출이 어디가 가장 높은가? 그리고 최근 매출이 어느 지역에서 증가하고 있는가를 봐야 한다. 먼저 매출 상위 지역으로 보면 강남, 서초, 종로구가 가장 높고, 최근 가장 매출이 많이 증가한 지역으로는 성동구, 은평구, 중랑구이다. 이를 종합해 보면 서초, 성동, 은평구가 서울에서는 가장 유망한 지역으로 추정할 수 있다.

이번에는 경기도로 경기도 31개 시군구를 집중 분석해 본 결과, 과천시가 가장 높은 매출을 올렸고 다음이 화성과 용인 순으로 나타났다. 점포수가 가장 많은 곳은 성남시로 576개가 있고, 다음이 용인시(512개), 고양시(466개)였다(〈표5〉 참조).

지역별 업력, 즉 현재 영업 중인 분식집이 창업해서 현재까지의 영업기간을 분석해 본 결과 전국 평균은 3.1년이었고 경기도는 3.2년으로 나타났다. 이를 기준으로 보면 연천군(5.5년), 여주시(4.9년), 동두천시(4.3년)의 평균 영업기간이 상대적으로 높았다. 그럼에도 매출액은 중하위에 랭크되어 있다. 매출액이 적음에도 불구하고 업력이 길다는 의미는 폐업할 경우 다른 대안이 없는 생계형 자영업자이거나 임대료가 상대적으로 낮은 지역이어서 비록 어렵지만 꾸려 갈만한 상황이 된다는 뜻이다.

〈표5〉 경기도 31개 시군구 분식집 영업현황

지역	월평균매출액	중위 매출액	점포 수(개)	업력(년)	주소비층
과천시	59,750	38,946	40	3.5	40대(39.6%)
화성시	56,301	21,666	251	3.4	30대(44.6%)
용인시	34,260	21,338	512	2.7	40대(43.4%)
구리시	34,247	22,303	87	2.6	40대(37.4%)
성남시	33,674	18,548	576	3.0	40대(36.3%)
고양시	31,860	21,050	466	2.7	40대(38.2%)
안양시	31,150	20,342	378	3.5	40대(34.7%)
오산시	29,552	13,890	141	3.3	30대(37.1%)
수원시	29,545	13,172	707	3.2	40대(36.0%)
김포시	29,112	19,403	110	2.1	40대(38.9%)
하남시	27,440	18,021	53	3.2	30대(40.6%)
평택시	26,631	16,216	263	3.1	40대(34.5%)
광주시	25,342	18,968	110	3.2	40대(36.9%)
양주시	25,032	19,141	71	2.6	40대(36.9%)
부천시	24,472	19,801	462	3.1	40대(34.6%)
광명시	24,394	14,658	194	4.0	40대(36.5%)
남양주시	24,095	29,662	232	2.9	40대(37.0%)
시흥시	24,004	15,868	271	4.0	40대(35.6%)
파주시	23,316	13,493	178	3.2	30대(36.1%)
의왕시	23,211	17,561	69	3.3	40대(40.0%)
포천시	23,004	11,968	51	3.0	40대(35.6%)
동두천시	22,891	11,817	44	4.3	40대(31.6%)
군포시	22,379	15,701	113	3.1	40대(39.2%)
의정부시	21,953	13,462	215	2.8	40대(38.6%)
여주시	19,351	11,922	33	4.9	40대(31.3%)
안산시	18,446	13,171	381	3.3	40대(34.7%)
가평군	16,709	25,003	36	1.8	30대(35.4%)
양평군	5,738	14,399	40	3.1	40대(38.1%)
안성시	14,608	17,632	88	2.5	40대(38.3%)
이천시	13,298	8,540	110	4.4	30대(34.4%)
연천군	11,341	7,666	30	5.5	40대(29.9%)

자료 : 이형석, ㈜나이스지니데이터(2016).

(3) 9월 성수기 2~3월 비수기, 창업은 여름이 유리

창업할 때 참고해야 할 데이터가 또 하나 있다. 바로 창업 시점을 언제로 하느냐다. 분식집과 같은 입지 업종의 특성상 오픈 효과를 보지 못하면 초기에 큰 손실로 이어져서 회복이 어려울 수 있기 때문이다. 이를 판단하기 위해 분식집의 월별 매출액을 분석한 결과, 2~3월이 가장 적고 9월부터 잘 되는 것으로 나타났다. 따라서 창업한다면 1년 중 여름에 창업하는 것이 유리하다는 것을 알 수 있다.

정리하자면 분식집은 저성장기라도 다른 업종에 비해 다소 유리하지만 적은 자본으로 창업이 가능하고 진입장벽이 낮다는 점을 감안해서 대상 고객 특성을 잘 파악하여 부담이 적은 입지를 선택해야 한다는 점을 유의해야 한다.

4. 분식 전문점의 동향과 트렌드

1) 신규 브랜드의 경쟁적 진입

분식전문점의 신규브랜드가 늘고 해외진출도 활발해졌는데 이중 프리미엄 VS 소자본 아이템으로의 양극화가 대세이다. 특히 분식 프랜차이즈 업계는 프리미엄과 소자본 아이템 간의 뜨거운 경쟁이 돋보인다. 즉 프리미엄을 내세운 떡볶이전문점, 김밥전문점 등 세분화된 메뉴를 강점으로 내세운 전략과 밥버거 열풍이 분식시장의 가장 큰 화두가 된 것이다.

이 같은 분식시장의 지각을 흔든 아이템은 단연 밥버거다. 소자본 창업과 떼려야 뗄 수 없는 분식 업계의 특성상 갑작스레 등장한 밥버거 아이템에 예비 가맹점주들을 빼앗아가며 창업비용이 비슷한 기존 브랜드들의 신규 매장 출점에 큰 어려움을 겪었다. 반면 트렌드를 빨리 읽고 빠르게 대열에 합류한 업체들 중 하나인 김가네의 경우 밥버거를 내세운 제2브랜드 〈파크볼226〉을 론칭했으며 얌샘도 단일전문점 형태는 아니지만 매장 내 신메뉴로 밥버거를 출시, 시장 상황에 발맞춰 고객들에게 좋은 반응을 얻은 것이다.

이뿐만 아니라 해외진출도 그 어느 때보다 활기를 띠고 있었다. 김가네는 산동성과 마스터 프랜차이즈 계약을 체결, 중국시장 공략에 힘을 실었으며 〈아딸〉도 중국 내 4호점인 왕징 천사마트점을 오픈해 높은 매출을 올리고 있다. 〈스쿨푸드〉도 홍콩, 인도네시아 등에 차례대로 진출하며 괄목할만한 성과를 달성하였다.

밥버거와 같은 소자본 아이템이 강세를 보인 가운데 분식 시장 한켠에서는 매스티지 소비를 지향하는 고객들의 눈높이에 맞춘 프리미엄 브랜드들도 약진했다. 특히 〈김선생〉, 〈찰스숯불김밥〉 등 프리미엄 김밥전문점들이 대거 등장해 주목을 받았다. 또한 〈공수간〉, 〈아딸〉 등 프리미엄 이미지를 강화해 새로운 가맹모델을 구축하는 사례들도 많았다. 지금도 분식 업계는 단일품목을 전문화해 프리미엄 이미지로 승부수를 띄우는 전략이 이어지고 있다.

분식 업계에 따르면 프리미엄 브랜드뿐만 아니라 분식 업계 전반에 신규 브랜드 론칭이 활발한 것은 기존 브랜드들의 가맹출점이 주춤한 상태에서 돌파구 역할을 해준 신규 브랜드들이 대거 나타났기 때문으로 전망한다.

계속되는 불황의 여파에도 불구하고 '불황에는 분식' 임을 입증하였으며 매스티지 트렌드 영향과 전문화 · 프리미엄화가 대세가 된 것이다. 특히 불황일수록 '식 · 패스트푸드는 잘 팔린다' 는 통설이 있듯이 이를 입증하듯 분식 업계는 장기불황에도 꾸준한 성장을 이뤄 매장수는 물론 매출도 소폭 증가했다.

(1) 김家네 20주년 기념 리뉴얼 및 전문 경영인 체제 전환

지난 1994년 오픈해 원조 프리미엄 김밥 브랜드로 자리매김한 〈김家네(이하 김가네)〉는 창립 20주년을 맞아 대대적인 브랜드 리뉴얼과 신메뉴 개발을 단행했다. 김가네의 브랜드 리뉴얼은 고급화에 초점을 맞췄으며 새로 오픈하는 매장 중심으로 고급스러운 카페 인테리어를 적용, 단순한 식사 공간을 벗어나 힐링의 공간으로 재탄생시켰다.

또한 부산 서면직영점 오픈을 기점으로 상대적으로 취약했던 부산·경남지역의 브랜드 활성화에 나섰으며, 부산사직야구장 전광판 광고를 함께 진행하는 등 지역 밀착도를 높이는 마케팅에 주력했다. 아울러 박정환 전 롯데리아 크리스피크림도넛 대표를 브랜드 총괄 신임 사장으로 선임해 전문경영인 체제로 전환했다. 박 신임 사장은 고부가가치 사업의 성장과 기업경영 투명성, 독립성, 전문성 강화 등 경영개선에 힘을 쏟고 있다.

김가네는 중국 칭다오에 천태점을 오픈하는 등 중국 내 매장을 운영하며 중국시장 공략에도 박차를 가하고 또한 최근 론칭한 치킨전문 브랜드 〈치킨방앗간〉의 가맹사업도 본격화하면서 활발한 현지 작업을 진행 중이다.

(2) 얌샘 프리미엄 김밥으로 틈새 마케팅 시동

깔끔한 인테리어와 다양한 메뉴로 인기를 끌고 있는 ㈜얌샘은 전체 매출이 증가하는 성과를 보였다. 이는 지속적인 R&D를 거친 70여 가지의 다채로운 메뉴로 고객들의 재방문을 유도했으며, 불황기에 저가메뉴가 소비자들의 지갑을 열었기 때문으로 분석된다.

또한 소자본 창업의 인기와 함께 조리가 쉬운 원팩시스템, 13여 년간의 프랜차이즈 노하우가 담긴 운영시스템, 본사의 사후관리시스템으로 예비 창업자들의 선호도가 높아 매장수도 소폭 증가했다.

특히 기존 브랜드 안정화 및 신규 브랜드 론칭에 집중해 최근에는 압구정에 론칭한 프리미엄 김밥전문점 〈고집쟁이 김팔이〉는 메뉴, 인테리어, 운영시스템 등을 오랫동안 준비해 오픈하자마자 빠른 입소문을 탔다. 무산(無酸) 처리한 김 등 친환경 식재료만을 고집하고 주문 즉시 조리를 원칙으로 소비자들에게 호응을 얻고 있다.

얌샘은 고집쟁이 김팔이 압구정점을 테스트 매장으로 활용해 신규 브랜드의 경쟁력을 높이고 가맹사업을 확대해 나가고 있다. 또한 〈상하이짬뽕〉 인수로 분식, 한식, 일식, 중식 브랜드까지 총 망라한 종합외식기업의 토대를 확립하고 창사 이래 최초의 본사매출 100억 원을 달성하는 등 괄목할만한 성장을 이루었다.

그밖에도 〈얌샘김밥〉 브랜드 리뉴얼을 단행, 밥샌드 및 웰빙김밥을 출시하는 등 변화하는 시장 트렌드에 맞춰 발 빠른 콘셉트 변화를 시도했으며 제2브랜드인 〈우마이오사카〉의 성공적인 테스트 운영을 바탕으로 부산광역시에 2호점을 오픈하기도 했다.

얌샘은 이러한 여세를 몰아 신규 브랜드인 김밥전문점 〈김팔이〉

를 론칭하였다. 또한 전략적인 매장관리 및 가맹점과의 파트너십 강화, 공격적인 홍보 및 마케팅을 진행하여 얌샘 90호점, 상하이짬뽕 50호점 등 브랜드 안정화에 기틀을 다져나가고 있다.

(3) 킹콩떡볶이 맛과 품질로 초고속 성장세

론칭한지 1년여 만에 50개의 매장을 오픈한 ㈜이심전심의 〈킹콩떡볶이〉는 무서운 성장세로 업계의 주목을 받고 있다.

킹콩떡볶이는 가맹점 영업활성화를 위해 경영평가제도를 운영하고 있다. 이는 가맹점의 운영상태, 서비스, 매뉴얼 준수 등을 종합적으로 평가해 가맹점의 운영을 돕는 제도다. 매월 평가 결과를 종합해 분기별로 상위 매장을 시상하고 가맹점간 건전한 경쟁구도를 유도한다. 또 가맹점 장인제도를 운영해 맛과 품질을 유지하는데 주력하고 있다.

킹콩떡볶이는 매운떡볶이, 국물떡볶이, 파닭떡볶이 등 이색적인 메뉴와 뛰어난 품질 등이 초고속 성장의 비결이라고 자랑한다. 이곳 브랜드는 계속해서 가맹점 활성화를 위한 이벤트를 기획 중이며, 브랜드 교육장과 직영점을 추가로 개설해 직원 및 가맹점주들의 교육강화와 신메뉴 개발에 만전을 기하고 있다.

(4) 죠스떡볶이·바르다 김선생 조리학교와 MOU로 외식 인재 확보

〈죠스떡볶이〉는 론칭 6년 만에 400호점을 오픈했으며, 수많은 분식프랜차이즈의 탄생에도 매출이 600억 원에 달하는 쾌거를 기록했다. 그리고 최근 론칭한 죠스푸드의 김밥 전문 브랜드 〈바르다 김선생〉의 가맹사업을 본격화했다.

바르다 김선생은 유해식품첨가물이 들어가지 않은 백단무지, 무항생제 달걀, 오랜 전통의 수제 참기름 등을 사용한 프리미엄 김밥 브랜드다. 현재 100여 개의 매장을 운영 중이다.

죠스푸드는 바르다 김선생의 예비 가맹점주들을 위해 아카데미를 설립하는 등 가맹점 퀄리티 유지를 위해 힘쓰고 있다. 또한 최근 국내 대표 전문조리교육학원인 한솔요리학원과 산학협력 및 인재교류를 목적으로 한 업무협약을 체결했다. 이로써 표준화된 맛과 서비스를 유지함은 물론 인재의 안정적인 확보를 기대하고 있다.

또한 분식의 프리미엄화를 선도한 〈스쿨푸드〉는 꾸준한 신메뉴 출시와 다채로운 이벤트로 고객들의 발길을 끌고 있다. 뿐만 아니라 도농이마트와 웅진플레이시티 등 국내 신규 매장 출점은 물론 인도네시아, 태국, 홍콩 등 해외에서의 인기도 이어지고 있다.

특히 메뉴 및 서비스 퀄리티 향상을 도모하고, 본사와 매장이 동반성장을 이루는 기틀을 마련하기 위해 각 매장 점주 및 직원들을 대상으로 스쿨푸드 우수매장 시상식' 을 개최해오고 있는데 스쿨푸드는 앞으로도 각 매장과 본사간 파트너십을 더욱 공고히 하고 상생할 수 있는 다양한 방안을 모색한다는 방침이다.

〈김가네〉는 신규 브랜드인 파크볼226을 론칭하고 직영점을 오픈하며 안정적인 시범운영과 가맹사업 정비에 심혈을 기울였다. 또한 〈김가네김밥〉등 기존 브랜드는 고급화 및 내실 강화에 초점을 맞춘 브랜드 리뉴얼을 단계적으로 시행했다. 도한 업계 흐름상 대내외 이슈 발생건수가 많아짐에 따라 소비자상담실을 강화하고 크로스 점검 체계를 갖춰 가맹점 관리시스템에도 주력하고 있다.

그리고 신규 브랜드에도 집중해 본격적인 가맹사업을 전개하고 있으며 공격적인 마케팅을 실시하고 있다. 또한 중국시장에 꾸준히 노크한 결과 산동성과 가맹지역본부 마스터 프랜차이즈 계약을 체결하였고, 그밖에 중국 난탄점(南灘店)을 시작으로 산동성 지역 출점 확장에도 본격적으로 나섰다.

또한 〈아딸〉은 최근 12개 매장을 추가로 오픈하며 1000여개의 매장수를 기록, 분식 업계에서 독보적인 매장수를 확보하였다.

특히 2011년 중국진출 이후 매년 해외매장 개설 역시 꾸준히 이뤄져 눈길을 끌었다. 중국 북경 왕징 천사마트점을 오픈했다. 왕징점의 경우 오픈 이후 월 매출이 한화 기준 6000만원 선을 유지하며 큰 인기를 얻고 있으며, 이러한 성과를 인정받아 〈아딸〉 자체 결산 결과 최우수 점포로 선정되기도 했다.

이밖에도 국내에서는 새로운 상권을 개발하고 프리미엄 카페, 대형매장, 백화점, 마트 등 업그레이드 된 매장을 론칭했다.

〈스쿨푸드〉는 글로벌 시장 진출에 박차를 가한 결과, 해외에서의 경쟁력을 다시금 확인했다. 대표적인 예로 스쿨푸드 홍콩 타임스퀘어점은 홍콩의 유명 맛집 사이트 오픈라이스에서 1위로 선정된 데이어, 월 매출 3억 원을 돌파하며 승승장구하고 있다. 또 한 인도네시아 자카르타점은 인도네시아의 가장 핫한 맛집으로 자리 잡았다.

스쿨푸드는 홍콩, 태국, 인도네시아 등 해외진출에 더욱 힘을 싣고 있으며 비빔밥, 불고기로 대표되던 K-푸드를 더욱 다양하고 풍성한 메뉴로 인식할 수 있도록 하고 있다. 또한 스쿨푸드와 함께 식사와 디저트, 샐러드, 커피를 함께 즐길 수 있는 신규 브랜드인 카페리맨즈에도 총력을 기울이고 있다.

본격적인 가맹사업을 시작한 〈공수간〉은 장기불황에도 불구하고 신규 가맹점 31개를 오픈하며 순조로운 가맹사업을 전개했으며 이러한 순항에 힘입어 자체물류센터를 준공, 경쟁력을 강화했다. 특히 프리미엄 분식 이미지 정착으로 백화점 및 대형쇼핑몰에 입점을 활성화 했고 입점 브랜드 중 매출 상위권을 유지해 주목을 받았다. 또한 해외시장에도 진출을 가시화하고 자체물류사업을 통한 다양한 수익모델을 창출하고 정기적 신메뉴 론칭 및 이벤트를 통해 매출활성화 전략을 지속적으로 시행하고 있고, 한국프랜차이즈 만족지수 돈까스 부문 1위로 선정된 〈생생돈까스〉는 불경기에도 불구하고 16개의 신규매장을 오픈하며 가맹점 개설에서 좋은 성과를 거뒀다.

특히 한 달 동안 6개의 매장을 연달아 오픈하는 등 좋은 실적을 내며 가맹점과 소비자 모두에게 신뢰를 구축하였다. 이러한 성과를 반영하듯 한국표준협회가 선정한 '한국프랜차이즈 만족지수 돈까스 부문' 에서 1위를 차지하기도 했다. 또한 한국외식경제연구소와의 기술적 제휴를 통해 지속적인 신메뉴를 선보이고 있으며 론칭한 매운돈까스 3종과 오므라이스가 고객들의 호평을 얻고 있다.

생생돈까스는 수도권을 중심으로 신규 매장 확대에 주력할 계획이며 기존 가맹점의 매출 증진 프로모션 및 본사와의 관계 유지관리를 집중적으로 진행해 나가고 있다.

2) 분식 전문점을 위협하는 편의점 간편식

편의점 도시락 시장이 급성장하고 간편식 제품들이 앞 다퉈 출시되면서 분식업계의 입지는 좁아지고 있다. 여기에 최근 프랜차이즈 최저임금인상, 상표권 분쟁 등으로 업계는 시끌시끌한 분위기다.

인건비가 상승된다면 노동집약적인 구조와 단가가 낮은 메뉴로서는 경쟁력이 떨어진다는 것이 업계 공통된 이야기다. 하지만 이런 분위기 속에 새로운 트렌드를 개척하며 위기를 기회로 만들기 위해 경쟁력 강화에 나서는 업체들도 눈에 띈다.

(1) 분식업계 위협하는 편의점 간편식 시장

불황일수록 분식이 잘 팔린다는 통설처럼 2014년까지 분식업계는 세월호 여파를 이겨냈을 정도로 꾸준한 성장세를 유지했다. 하지만 2015년과 2016년 계속 되는 경기불황에 무한리필 즉석떡볶이 시장이 참신한 아이템과 가성비를 내세우며 새로운 분식계 강자로 떠올랐고 편의점 간편식 제품들이 출시되면서 기존 분식업계의 입지가 좁아지고 있다.

지난 2016년 말 편의점 시장에서 전자레인지에 3분만 돌리면 즐길 수 있는 떡볶이 메뉴와 김말이, 튀김, 떡볶이가 함께 들어 있는 분식 세트메뉴를 잇따라 론칭하면서 분식업계는 직격탄을 맞았다.

편의점 씨유(CU)의 연도별 도시락 매출신장률은 지난 2014년 10.2%, 2015년 65.8%, 지난 2016년 168.3%로 가파른 증가세를 보였다. 업계 관계자들은 편의점에서 분식류 메뉴를 선보이면서 2017

년 상반기 매출 공개가 어려울 정도로 매출 부진이 심각하다.

혼밥 트렌드에 1인용 분식 세트메뉴를 내놓은 업체의 경우 생각만큼 반응이 빠르게 오지는 않은 것으로 알려졌다. 간식겸 안주, 야식으로 통했던 분식이 편의점 간편식에 자리를 빼앗겼다는 평가도 있다. 실제 서울 강남구에 위치한 한 분식 프랜차이즈 가맹점주는 "편의점에서 김밥, 떡볶이, 순대와 심지어는 라면 즉석조리기를 설치하면서 근방 1km 이내 분식집은 다 망했다" 고 토로할 정도다.

편의점 김밥과 간편식을 자주 찾았던 젊은 직장인들은 퇴근길 자주 찾던 분식집의 방문 횟수는 줄고 편의점으로 향하는 횟수가 많아진 것이다. 편의점 떡볶이는 컵라면처럼 종이 용기에 재료를 넣고 떡과 소스, 물만 부으면 2~3분 안에 완성되기 때문에 혼밥을 즐기는 고객들은 간편함과 저렴함에 자주 찾게 된다는 반응이다.

(2) 새로운 메뉴 도입, 편의점과 윈-윈 전략도

〈아딸〉을 론칭해 10년간 가맹점 1000개 이상을 확보했던 ㈜오투스페이스가 〈감탄떡볶이〉라는 이름으로 새롭게 론칭했다. 감탄떡볶이는 메뉴판과 포장지, 홍보물 등을 새롭게 개편하면서 외식업계에서 인기를 끌고 있는 핫도그를 메뉴 전면에 배치했다. 핫도그와 함께 우동 메뉴도 대폭 강화해서 핵심 메뉴로 선보이고 있다.

죠스푸드의 김밥 브랜드 〈바르다 김선생〉은 지난 2016년 5월 신세계가 운영하는 위드미(이마트24) 편의점에 숍인숍으로 오픈하면서 편의점과 서로 윈윈하는 전략을 모색했다.

그랩앤고 방식으로 쇼케이스에 김밥을 비치하거나 즉석에서 만들어 주는 방식 중에 고객들이 선택하게끔 콘셉트를 잡아 경쟁력을 갖추었다. 고객들은 편의점 김밥을 사러 왔다가 바르다 김선생의 김밥을 사고 김밥에 곁들이는 라면과 음료를 사는 등 동반 매출이 일어나면서 객단가가 상승하는 윈윈효과를 보고 있다.

(3) 프리미엄 김밥시장, 경쟁력 있는 곳만 살아남을 것

지난 2017년 7월 농림축산식품부와 aT한국농수산식품유통공사가 발표한 2018년 외식산업 경기전망지수에 따르면 분식 및 김밥전문점의 경기가 나아질 것이라는 기대가 나왔다.

전문가들도 외식업계 키워드로 패스트 프리미엄을 꼽으며 프리미엄 김밥 시장의 성장세를 눈여겨보고 있다. (주)얌샘의 〈얌샘김밥〉은 2017년 가맹점이 20개가 늘었고 가맹점 평균 매출액도 2016년 대비 12%의 증가를 보이면서 선전했다는 반응이다. 하지만 막상 프리미엄 김밥 시장이 과당경쟁으로 거품 빠지기가 시작됐다고 평가하기도 한다.

즉 지금까지 호황을 누렸던 프리미엄 김밥 시장이 업체들의 과도한 진출로 경쟁이 치열해 지면서 몇몇 업체들의 시장이탈 현상이 일어났다. 패스트 프리미엄 트렌드를 김밥 외에 다른 메뉴에도 적용시키거나 대대적인 메뉴 개편을 하지 않고서는 살아남을 수 없게 될 것이다. 또한 이런 현상이 지속되면서 유행성 프랜차이즈의 거품이 꺼지면 경쟁력 있는 업체만 살아남는 시장 개편이 일어나기 때문에 경쟁력 있는 업체에게는 기회가 될 것이다.

2018년 최저임금이 7530원으로 결정되면서 분식업계는 먹구름이 더 짙어졌다. 분식업은 다른 업종에 비해 노동집약적인 구조로 인건비가 오르면 가맹점주가 가져갈 수 있는 이익은 훨씬 더 줄어든다.

강남구의 한 분식 프랜차이즈 가맹점의 경우 50㎡(15평) 남짓한 규모지만 주방과 홀을 합해 총 6명의 인력이 일을 하고 있다. 김밥을 마는 직원 2명, 홀1명, 카운터 1명에 주방고정인력 2명이 움직인다. 김밥 메뉴의 특성상 고객이 오면 바로 포장을 해주어야 하기 때문에 2명 정도는 꼭 있어야 한다.

인근에 있는 다른 분식 프랜차이즈 가맹점의 경우 점주나 직원 2명이 운영 중인데 한 그릇에 3천~4천 원 받으면서 인건비까지 올려줄 여력이 없다며 폐점까지 고려중이다.

3) 분식전문점의 변화와 멀티화

주변 어디에서나 볼 수 있는 분식점에서 쉽게 접할 수 있는 라면, 국수, 떡볶이, 김밥, 순대, 어묵 등의 메뉴는 보편성이 강하고 요리 방법이 비교적 단순하다. 그래서 평소 요리에 대해 부담감이 적은 여성 창업자들이 손쉽게 창업에 도전하는 분야이기도 하다.

김밥전문점, 떡볶이전문점, 국수전문점 등으로 차별화를 시도하지만, 업종에 대한 경계도 불분명하다. 소자본 창업의 대표업종인 분식점은 김밥전문점과 떡볶이전문점, 우동전문점 외의 유사업종까지 합하면 전국에 약 5만여 개 사업체가 운영하고 있는 것으로 추정된다.

공정거래위원회의 정보공개서에 등록된 프랜차이즈 브랜드만 김밥 브랜드가 60여개, 떡볶이 브랜드가 70여개로 약 130여개의 브랜드가 있다. 대부분은 독자적인 상호나 유사상호로 영업하는 것이 일반적이다. 장기불황에 갈수록 어려워지는 국가 경제로 직장인이나 청소년들의 주머니 사정은 갈수록 가벼워지고 있다.

그동안 진입장벽이 낮고 쉽게 창업할 수 있었던 분식점은 창업과 폐업을 반복하는 부침이 심한 업종으로 인식되고 있다. 저렴한 가격을 무기로 영세하게 운영해오던 기존의 분식점들도 이제는 창업과 운영이 달라져야만 생존할 수 있다. 유사한 음식의 맛과 분위기에 약간의 기교만으로는 고객을 감동시킬 수 없기 때문이다.

2015년 기준 한식업의 경우 사업체수는 195,460개 였으며 라면. 김밥은 39,311개, 만두.칼국수 17,012개, 순대 6,087개, 떡볶이 5,103개, 우동 1,740 순으로 나타나고 있는 점에서 그 차이를 알 수 있다.

분식점 창업의 매력은 소규모매장으로 창업이 가능하고, 투자비용이 적고, 전문적인 요리경험이 부족해도 창업할 수 있고, 고객층도 청소년과 여성들이 많아 고객들의 입맛만 사로잡으면 대박 점포가 될 수 있다는 점이다. 최근 분식점의 트렌드는 다양하면서도 천편일률적인 메뉴 라인에 비위생적이고 영세한 이미지를 탈피하여 새롭게 변신하고 있는 것이 트렌드다.

50여가지 이상의 다양하면서도 업체마다 대동소이한 저가형 메뉴에서 세분화 또는 전문화된 메뉴로 건강한 맛의 가치를 선보이고 있다. 천편일률적인 맛은 업체 또는 브랜드별로 독특한 맛을 선보이고 서비스 또한 고급화를 추구하고 있다.

영세하고 비위생적인 시설은 카페형의 세련되고 고급스러운 분위기의 인테리어로 바뀌고 있다. 청소년 고객이나 여성, 직장인들의 감성에 호소하고 음식의 맛을 더욱 업그레이드하기 위함이다. 갈수록 까다로워지는 소비 취향으로 인해 누구나 쉽게 접근할 수 있었던 개인 브랜드분식점들이 창업과 경영이 까다로워짐에 따라 분식전문 프랜차이즈 창업을 선호하는 추세다.

공덕역 1번 출구 인근의 공덕자이파크 1층 상가에서 45㎡(14평)규모의 면적에서 테이블 6개를 두고 직원 2명과 함께 보증금 5000만원에 임차료 월 250만원의 조건으로 〈김라덕선생〉을 운영하고 있는 ㈜토탈솔루션스코리아의 대표는 기존의 분식점과는 달리 한 차원 진화된 멀티분식점을 표방하고 프랜차이즈 사업을 전개하고 있다.

멀티분식점은 떡볶이전문점+커피숍+스몰비어의 3가지 업종이 어우러진 새로운 형태의 복합적인 외식문화 공간이다. 이 공간은 위생적이고 믿을 수 있는 안전한 식품, 건강한 맛이 살아있는 다양한 메뉴제공, 고객의 니즈에 맞는 메뉴개발에 중점을 두고 음식과 문화가 어우러진 새로운 외식 문화공간 창출을 위해 심혈을 기울이고 있다. 이곳의 대표메뉴는 김주먹밥, 국물떡볶이, 라면, 순대, 튀김류이다. 가격은 김주먹밥 2000원, 국물떡볶이 3000원, 라면 3500원, 튀김류 500원, 치킨세트, 떡볶이세트 등의 세트메뉴는 2인기준 1만 2000원이다. 아메리카노, 에스프레소 커피메뉴는 대부분 2000원이다. 치킨가라아게나 순대볶음 등의 안주메뉴와 어울리는 크림생맥주는 500cc를 2000원에 제공하고 있다.

직장인들의 간편 점심식사와 하교길 청소년들을 위해 김주먹밥,

떡볶이, 라면, 순대, 튀김류 등의 간식위주 메뉴, 만남의 장소로 이용하는 여성고객을 위해 아메리카노를 추가시켰고, 퇴근길 직장인들의 가벼운 술자리를 위해 스몰비어 성격을 추가해 고객층을 다양화 시켰다.

우드소재를 기본으로 세련된 카페 인테리어로 차별화를 시도하였을 뿐만 아니라 코피스족을 위하여 인터넷을 사용하고 스마트폰 충전, 신세대들이 좋아하는 음악을 제공하여 가족외식이나 데이트장소로도 손색이 없는 외식문화공간으로 꾸몄다. 편안하고 안락한 카페 분위기의 인테리어로 꾸민 매장에서 보다 위생적인 음식을 제공하고 있어 고객만족도를 더욱 높였다.

프리미엄분식은 기존 분식 아이템에서 조금 더 진화된 분식을 말한다. 더 좋은 식재료와 맛, 모양새를 담고, 인테리어도 고객들이 선호할 만한 분위기로 옷을 갈아입었다. 고객들도 저가 분식집보다는 몇 천원을 더 내더라도 카페 같은 고급스러운 공간에서 분식을 즐기고 싶어 한다.

프리미엄 분식의 가장 두드러진 특징은 김밥에서 식재료가 보다 고급스러워지고, 속 재료를 많이 넣어 김밥의 크기가 더 커졌다. 또한 속 재료를 채 썰어 식감을 더욱 살린 것도 두드러진다. 그 외에는 먹기 좋은 크기와 한두 가지 속 재료에 집중한 꼬마김밥을 썰어낸 것도 이곳 김밥의 트렌드다. 프리미엄분식은 예비창업자들의 소자본 창업 니즈와 합리적인 가격, 건강을 지향하는 소비자들의 소비 패턴과 잘 맞아 떨어진다.

하지만 일각에서는 프리미엄이라는 콘셉트 때문에 인테리어나 메뉴의 겉모습만 화려하고 실속 없는 거품창업이 될 수도 있음을 우려한다. 즉, 창업자들이 업종과 아이템을 선정할 때 베스트셀러 아이템보다는 시장수요가 장기적인 스테디셀러를 선정하는 것이 안정적이며, 아무리 좋은 아이템이라도 소비자 수요보다 창업자의 공급이 급격히 많아지면 피해는 고스란히 창업자의 몫으로 가게 된다. 그런 면에서 프리미엄 분식은 스테디셀러 아이템으로 보다 안정적인 창업이 될 수 있을 것이다.

소비자들에게 분식은 '저가' 이미지가 강한데, '프리미엄' 이라는 가치가 더해져 기존 분식의 몸값을 올려주는 좋은 장치가 되고 있다. 프리미엄 분식이 최근의 불경기 환경에서 창업시장과 고객들에게 환영받는 아이템이 될 수밖에 없는 이유는 다음과 같은 원인을 가지고 있기 때문이다.

첫째, 소자본 창업이다. '프리미엄' 이라는 가치가 붙지만 10평 내외의 창업이 가능하고, 인테리어 비용이 많이 들지 않는 장점이 있다. 창업자들의 소비심리 위축으로 1~2억원대의 소자본 창업이 가능하다.

둘째, 최소 경비에 의한 운영의 가능성 때문이다. 분식점은 소자본 창업이다 보니, 자연스레 임대료나 인건비에서 고정비를 절감할 수 있다. 이곳에서 절감한 비용을 좀 더 좋은 상권에서 영업할 수 있는 기회가 돼, 매출을 올릴 수 있다. 물론 분식의 특성상 굳이 A급 상권이 아니어도 B,C급 상권에서도 충분히 경쟁력이 있다. 분식은 복잡하고 까다로운 공정과정을 거치지 않아 인건비 절감에서 큰 메리트를 가진다.

셋째, 남녀노소 연령층에 상관없이 누구나 즐겨 찾는 서민형 먹거리 아이템이기 때문이다. 프리미엄 분식의 가격이 아무리 비싸다 한들, 일반음식점의 식사 가격과 큰 차이가 나지 않아 가격적인 부문에서 소비자들에게 경쟁력을 가질 수밖에 없다.

넷째, 건강과 맛, 분위기를 중요하게 생각하는 고객니즈가 잘 맞아 떨어지기 때문이다. 그동안 분식은 가격이 저렴하고 조미료를 많이 넣고 평범한 음식 맛으로 각인돼왔다. 때문에 고객들에게 약간의 프리미엄을 붙여 만족도를 높이는데 주효했다.

다섯째, 고객들이 언제든지 즐길 수 있다는데 큰 매력이 있다. 점심, 저녁 식사시간 때뿐만 아니라 언제든지 간식으로 즐길 수 있다는 장점이 있다. 또 테이크아웃 비중이 높아 점포회전률을 높이는데 강점으로도 작용한다.

여섯째, 유행을 타지 않는 스테디셀러 아이템이라는 점이다. 어느 순간 반짝 떴다가 사라지고 마는 희소성 있는 아이템이 아니다보니, 고객들로부터 꾸준히 러브콜을 받을 수 있는 메뉴로 경쟁력을 가진다. 물론, 계절이나 시간대의 영향을 받지 않는 것도 강점이다.

이 같은 장점으로 프리미엄 분식전문점이 인기를 얻고 있는데, 그렇다고 해서 프리미엄 분식이 전혀 함정이 없는 것은 아니다.

식재료는 좋은 것으로 사용하며 맛을 좀 더 업그레이드 하고, 인테리어에 힘을 싣다 보면 가맹점주의 수익률이 과연 보장될 것인가 하는 의문을 갖게 한다. 그리고 인테리어 비용 역시 기존 분식전문점 보다 업그레이드 하다 보니, 20~30% 창업비용이 추가적으로 들 수밖에 없다.

무엇보다 고객들에게 맛과 분위기에서 만족을 가져다주려면 정작 가맹점주에게 수익률을 가져다 줄 수 없다는 고민을 심각하게 해볼 필요가 있다. 프리미엄 분식의 향후 경쟁구도도 이 부분을 얼마나 오랫동안 유지할 수 있느냐가 관건이다.

또 메뉴의 질에 주력하다 보면 가짓수가 늘고, 복잡한 조리 과정을 거치게 돼 오히려 악영향을 미칠 수 있다. 회전률에 부정적인 영향을 미칠 수밖에 없다는 것이다. 고객들은 결국 오리지널한 맛을 추구하기 때문에 프리미엄 분식에 대한 운영계획을 잘 짜야 하는데 점포에서 운용하기 쉬우면서도 오랫동안 고객들에게 어필될 수 있는 메뉴전략을 짜는 것이 관건이다. 때문에 많은 발품과 메뉴계획을 짜 창업에 임해야 한다.

향후 많은 변화를 거치면서 프리미엄 시장이 붐을 이뤄 안정됐을 때, 인건비 절감을 통한 수익을 점주가 얼마나 가져갈 수 있는가에 브랜드 성패가 갈릴 것이며, 효율적인 운영 가능한 시스템을 가진 브랜드가 경쟁력에서 살아남을 수 있을 것이기 때문이다.

II

샌드위치

1. 샌드위치 전문점

1) 샌드위치의 개요

샌드위치 전문점은 빵 조각 사이로 한 겹 혹은 여러 겹으로 고기, 야채, 치즈, 혹은 잼, 양념이나 소스 등을 넣어 판매하는 전문점으로 바쁜 하루를 시작하는 젊은층, 직장인, 학생들에게 식사대용 및 간식용, 웰빙 음식으로 큰 인기를 모으고 있다.

현대는 사회가 빠르게 발전함에 따라 음식문화도 빠르게 변하고 있다. 이러한 현대인들에게 한 끼 식사의 대용으로서나 간식거리로서의 샌드위치는 선호도가 높은 식품의 하나가 된 것이다. 샌드위치는 대표적 패스트푸드 중의 하나로 샌드위치를 전문적으로 취급하는 샌드위치 전문점은 선진국에서는 이미 보편화된 사업형태로 국내에서도 점차적으로 활성화되고 있다.

수도권이나 기타 대도시 등에서는 체인점 형식의 프랜차이즈 샌드위치 전문점이 하나둘씩 생겨나고 있고 전체적으로 시작이 확대되고 있다. 특히나 요즘은 빠른 스피드를 요구하는 젊은층 뿐만 아니라, 건강을 중점적으로 생각하는 중장년층 까지 웰빙 음식의 하나로 자리 매김 하고 있다. 대표적 패스트푸드는 햄버거, 피자 등인데 고정화된 메뉴가 대부분이고, 상대적으로 신선도가 떨어져 요즘 소비자들의 욕구를 만족시키기에는 부족하다. 샌드위치 전문점은 특별히 식사시간을 내기 어려운 바쁜 사람과 깔끔하고 새로운 맛을 원하는 젊은 연령층을 주 고객으로 삼고 있다. 식사시간을 내기조차 부담스러운 사람들이 항상 시간에 쫓겨 제대로 된 식사를 하지 못하고 있다. 샌드위치는 만드는 시간이나 먹는 시간도 오래 걸리지 않고 맛도 있을뿐더러 영양소도 절대 뒤지지 않는 음식이다.

샌드위치 전문점은 이들에게 식사시간을 낭비하지 않고 간편하게 즐길 수 있으면서 맛과 영양도 뒤지지 않는 식사를 제공할 것이다. 또한 미리 주문을 받아서 원하는 시간에 원하는 장소로 배달해주는 서비스도 제공하고 있으므로 항상 뭘 먹을지 신경 쓰며 밖에 나올 필요가 없이 미리 주문을 해 놓으면 기다리는 시간의 낭비 없이 바로 간편하게 즐길 수 있다. 또한 항상 똑같은 음식에 식상해하는 사람들에게 좀 더 다양하고 전문화된 샌드위치를 제공함으로서 만족스러운 식사를 할 수 있도록 하고 있다. 특히 샌드위치는 모양이나 맛, 그리고 먹는 방법 등이 깔끔해서 젊은 여성층이 즐겨 찾는 음식이다. 그러므로 다양하게 여러 종류의 샌드위치를 제공해 깔끔한 맛을 원하는 소비자들을 만족시킬 수 있다.

그리고 샌드위치를 메뉴별로 미리 만들어 놓고 파는 것이 아니라 항상 신선한 재료를 준비해 놓고 있으면서 소비자가 원하는 재료를 넣어 샌드위치를 즉석에서 만들어 주는 서비스를 하고 있기 때문에 입맛에 맞는 자신만의 샌드위치를 바로바로 자신이 만들어먹는 듯한 즐거움도 제공하고 있다. 본 사업은 샌드위치 전문점 형식의 점포를 개업하여 현재 햄버거, 피자, 치킨 패스트푸드 전문점이나 마트 등에서 취급하고 있는 단조로운 메뉴에서 벗어나 소비자의 욕구를 충족시킬 수 있는 다양하고 새로우면서 신선한 맛의 샌드위치를 제공하는 업종이다. 신선도, 맛, 메뉴, 그리고 가격까지 만족되는 샌드위치 전문점의 등장은 소비자들에게 웰빙열풍에 맞추어 선택의 폭을 넓히면서 만족도도 높일 수 있는 아이템이 될 것이다.

2) 샌드위치의 유래

샌드위치는 얇게 썬 빵 사이에 고기. 치즈. 야채 등을 끼워 넣은 음식이다. 영국의 J.M. 샌드위치 백작의 이름에서 딴 것이라고 전해지고 있다. 백작집안의 4대손으로 태어난 샌드위치 백작은 30세 때 해군대장이 되었으나 선천적으로 도박을 즐겨 트럼프에 열중하며, 식사하는 시간이 아까워 먹으면서 게임을 계속 하였다고 한다.

그래서 늘 사환에게 빵 사이에 로스트비프나 그 밖의 요리를 끼워 넣게 하여 그것을 먹으면서 상대방에게도 이를 권했으므로 샌드위치라고 불리게 되었다.

3) 샌드위치의 종류

샌드위치의 종류는 각국의 기호에 따라 가지각색인데 현대에 와서 샌드위치의 종류도 더욱 다양해졌다. 샌드위치를 형태로 분류하면 다음과 같다.

(1) **클로즈드 샌드위치**: 2장의 빵에 내용물을 끼워 넣은 보통의 샌드위치다.

(2) **오픈 샌드위치**: 빵 위에 내용물을 얹고 채색과 맛의 조화를 고려해 꾸며진다. 덴마크의 스뫼레브뢰드는 북유럽을 대표하는 대표적인 음식중 하나이며 5종의 빵을 사용해서 200종의 오픈 샌드위치를 만든다.

(3) **데카 샌드위치**: 빵 3장에 내용물을 2층으로 끼워 넣은 더블데카와 빵 4장에 내용물을 3층으로 끼워 넣은 스리데카 등이 있다.

(4) **토스트 샌드위치**: 식빵을 두껍게 썰어서 토스트로 만들고 달걀 프라이, 구운 베이컨 등 따뜻한 내용물을 끼워 넣는다. 보통의 샌드위치가 냉식인데 반해 따뜻한 맛을 내고 있다.

(5) **핫 샌드위치**: 햄버거와 핫도그가 대표적이다.

(6) **파티 샌드위치**: 롤인 것과 로프인 것이 대표적이다. 롤 샌드위치는 빵으로 내용물을 김밥처럼 말아서 색깔이나 모양을 아름답게 만든다. 로프 샌드위치는 대형 로프채로 화려하게 만들어 손님 앞에서 잘라 나누어 준다.

(7) **셀프 서비스 샌드위치**: 얇게 썬 빵에 내용물을 따로따로 놓고, 각자가 자기 기호에 따라 만들어 먹는다.

2. 샌드위치 전문점 운영 현황

1) 샌드위치 전문점의 운영 특징

샌드위치 전문점은 기존의 패스트푸드점과 달리 신선한 재료, 다양한 맛과 적당한 가격, 점포운영방식 등에서 두드러진 특징을 보이고 있다. 그 특징을 정리해보면 다음과 같다.

첫째, 저지방, 저콜레스테롤, 저칼로리 재료를 신선하고 다양한 재료를 사용하면서 한국인이 좋아하는 스타일로 맛의 변형이 이루어져 다양한 계층의 수요를 흡수할 수 있다.

둘째, 소자본으로 개설이 가능하다. 테이크아웃 고객이 많고, 조리면적이 작아도 가능하며 소규모 사업장에서 개설이 가능하다.

셋째, 즉석 메뉴이므로 재고 부담이 적다. 즉석에서 제조가 가능하여 재고 비용을 최소화 시킬 수 있고 마진율도 높다.

넷째, 비교적 쉽게 조리가 가능하여 제조방법이 쉽다. 그래서 별도의 주방장 채용이 필요 없고, 전문조리 경험이 적은 창업예정자가 쉽게 접근이 가능하다.

다섯째, 현재는 보통 100평에서 심지어 2~3평의 조그만 공간에서도 영업할 수 있고, 종업원 없이 운영이 가능하여 투자비용 대비 수익률이 높은 것이다.

여섯째, 계절에 상관없이 꾸준한 수요가 발생하여 시대적, 계절적 영향 및 유행을 타지 않는다. 시간이 부족한 직장인들이나 학생들에게 식사대용 및 간식으로 꾸준한 수요가 발생하기 때문이다.

일곱째, 특별 주문 미 대량납품이 가능하다. 학교, 학원, 회사의 간식, 야유회, 소풍 등에 대량 납품이 가능한 아이템이다.

여덟째, 커피전문점 및 피자전문점 등의 아이템과 접목이 가능하다. 그래서 유동인구가 떨어지는 시간대는 사이드메뉴로 매출을 노려볼 수 있다.

아홉째, 지역적 특성에 맞는 메뉴개발과 판매가격 결정이 가능하다. 그래서 그 지역 고객의 요구를 받아들이는 차별화가 가능하다는 것이다.

2) 샌드위치 전문점의 운영 현황

샌드위치 전문점은 점차적으로 그 수가 늘어나고 있다. 최근 패스트푸드 창업시장의 전반적인 분위기는 리딩 아이템이 없는 가운데 건강과 관련된 웰빙형 아이템이 주를 이루고 있는 추세이다.

현재 운영 되고 있는 패스트푸드점들이 크게 재미를 보지 못하고 있으면서도 건강과 관련된 테마 음식업 시장이 꾸준하게 증가하고 있다. 샌드위치는 이미 미국이나 유럽 등에서 생활화된 음식이다.

최근 국내에서도 기존에 먹던 샌드위치와는 달리 신선하고 질 좋은 속 재료로 만들어진 샌드위치 전문점이 직장인, 대학생 사이에서 인기를 끌고 있다. 샌드위치는 다른 패스트푸드에 비해 지방함량이 낮고 신선한 야채가 주원료로 신선하고 담백한 맛을 앞세워 여성에게 인기이며 아침을 거른 직장인들의 아침식사 대용으로, 점심식사 후 출출할 때의 간식으로 제격이다.

이런 가운데 요즘 테이크아웃은 물론 원하는 시간에 배달까지 해주는 서비스를 통해 직장인들의 식생활에 한층 가깝게 다가섰다. 최근 샌드위치 시장이 점차적으로 증가 추세에 있으며 기존 패스트푸드인 햄버거 및 피자 시장의 포화상태와 몇몇 브랜드의 시장독식과는 다르게 성장기에 있는 업종이다.

현재 시장규모는 서울과 지방의 광역시를 중심으로 확대되고 있지만 아직 샌드위치 시장에 크게 우위를 점유한 브랜드가 없기 때문에 성장 가능성이 높다.

실제로 대학가 부근이나 젊은층 유동인구가 많은 역세권 및 사무실 밀집가, 출퇴근하는 길에 점포가 점차적으로 늘어나고 있고, 대중화된 웰빙형 패스트푸드 전문점으로 매출액이 증대될 것으로 전망된다. 샌드위치 전문점은 독립점포와 프랜차이즈점 두 가지 형태의 사업장을 할 수 있다.

특히나 요즘 프랜차이즈점을 창업하는 경향이 많은데 인터넷의 발전으로 해당업종의 창업동향과 영업방식 및 메뉴의 컨셉변화에 대한 방향을 인터넷을 통하여 손쉽게 획득할 수 있다.

그러나 프랜차이즈 해당 업체의 성실도와 신용에 관한 것은 창업자 본인이 직접 업체와 관계 전문가들을 만나서 면밀하게 판단하여야 한다.

3. 샌드위치 우수브랜드의 프랜차이즈 성공전략 〈써브웨이〉

1965년 미국에서 첫 선을 보인 글로벌 샌드위치전문점 〈써브웨이〉는 1991년 국내 1호점을 오픈한 이후 20여 년간 꾸준한 인기를 누리고 있다.

한국 1991년, 미국 1965년에 브랜드를 론칭한 〈써브웨이〉는 101개국에 약 3만 9000개(국내 56개)의 매장을 보유하고 있으며, 대표 메뉴는 햄 샌드위치, 이탈리안 비엠티 샌드위치, 서브웨이 클럽 샌드위치, 로스트치킨 샌드위치 등이 있다.

캐주얼 델리 카페라는 인테리어 콘셉트로 역세권, 오피스가, 학교 주변을 중심으로 입지전략을 잡고 있다. 창업비용은 50㎡기준 약 1억 2500만원 내외이다.

1) 글로벌 브랜드의 파워 경영

전 세계 101개국에 약 3만 9000여 개의 가맹점을 보유하고 있는 샌드위치전문점 〈써브웨이〉는 40여 년의 역사를 자랑하는 글로벌 프랜차이즈이다. 오랜 운영 노하우를 바탕으로 공신력 있는 프랜차이즈 평가 기관인 '앙트레프레너(Entrepreneur)'가 발표하는 프랜차이즈 평가에서 매년 상위권을 기록하며 글로벌 브랜드로서의 면모를 톡톡히 보여주고 있다.

뿐만 아니라 권위 있는 레스토랑 평가에서 '자갓 서베이(Zagat Suvey)'의 평가 중 서비스 부문과 건강식 부문에서도 1위를 기록하는 등 저력을 과시하고 있다.

〈써브웨이〉는 앙트레프레너의 프랜차이즈 평가에서 17번이나 1위에 랭크할 만큼 경쟁력 있는 브랜드로, 2010년에는 매장 수에서 맥도날드를 앞설 만큼 전 세계인의 사랑을 받고 있다.

2) 간편식과 웰빙 선호 트렌드 타고 인기 상승

빠르고 간편한 먹거리를 원하면서도 신선하고 영양 높은 웰빙식을 선호하는 소비자들이 늘었다는 점도 써브웨이의 인기를 높이는 데

기여하고 있다. 간편식이라는 점에서 경쟁상대가 될 수 있는 패스트푸드가 정크푸드라는 인식이 높은 반면, 샌드위치는 5대 영양소를 골고루 함유한 간편 웰빙식으로 포지셔닝 됐기 때문이다.

실제로 이곳에서 선보이는 17가지의 샌드위치 메뉴 중 300칼로리 이하의 메뉴가 6개에 이를 정도로 웰빙 건강식을 지향하며, 지난달에는 아보카도를 넣은 신메뉴를 선보여 소비자들에게 좋은 반응을 얻고 있다.

〈써브웨이〉는 본사에서 공급하는 생지를 이용해 매장에서 직접 구운 빵으로 샌드위치를 만드는 것으로도 유명하다. 허니오트, 하티 이탈리안, 위트, 파마산, 오레가노, 화이트 등 다섯 종류 중에서 빵을 선택할 수 있으며, 성분과 칼로리 정보도 제공해 소비자의 편의를 더했다.

3) 독특한 운영시스템으로 책임감 있는 투명 경영

〈써브웨이〉는 인건비, 식자재비, 인테리어비 등을 상황에 맞게 최소화 할 수 있다는 점이 특징이다. 재고율 역시 체계화된 '오더 투 메이드(Order to made)' 시스템을 갖춰 해결했다.

경쟁사 대비 합리적인 가격으로 메뉴를 공급한다는 점도 인기 비결 중 하나다. 미국 써브웨이 본사가 전 세계 가맹점에서 사용하는 식재의 90%를 한꺼번에 구매함으로써 가격경쟁력을 확보했기 때문이다.

지속적인 물가상승 속에서도 한국 써브웨이가 2010년 이후 한 번도 가격을 인상하지 않을 수 있었던 것도 이 때문이다.

써브웨이가 글로벌 브랜드로 성장할 수 있었던 데에는 DA제도라는 본사의 독특한 가맹 시스템도 한몫했다.

DA제도는 전 세계 써브웨이의 공통된 경영방식으로 지역개발담당자(DA)에게 가맹점 모집권을 부여하고, 로열티 8%의 $\frac{1}{3}$을 지급하는 운영방식이다. 가맹점의 수익이 지속적으로 확보되어야만 지역개발담당자의 수익도 높아지는 것이기 때문에 책임감 있는 매장 관리가 이뤄진다는 장점이 있다.

국내 써브웨이 역시 이러한 방식으로 운영되고 있으며, 현재 서울 강남과 강북을 포함한 11개 지역에서 5명의 지역개발담당자가 활동하고 있다.

또한 기본 가맹계약기간이 20년으로 본사의 임의대로 재계약을 거부하는 행위를 사전에 방지하고 점주는 언제든지 계약을 해지할 수 있어 양도 양수에 따른 해지 위약금이 일절 없다는 점 역시 차별화된 경쟁력 중 하나다.

〈표6〉 써브웨이 투자 비용(50㎡ 기준)

내역	비용(만 원)	내용
가맹비	1100	소멸성
교육비	가맹비에 포함	추가 인원, 재교육비 없음
주장비	6100	샌드위치유닛, 발효기, 오븐 냉장고, 냉동고 주방설비 등
가구	300	의자, 탁자
간판	410	어닝 포함
전기증설	150	100kw 증설
냉난방	320	72㎡(23평) 시스템1, 벽걸이1
총 투자금	1억2500	

주: VAT 별도, 점포 조건에 따라 달라질 수 있음, 추가공사 별도(철거, 데크, 자동문 등)

〈써브웨이〉는 우리나라를 대표하는 샌드위치 전문 프랜차이즈 중 하나이다. 2014년 12월말 기준으로 직영점과 가맹점을 합한 총 점포 수가 121개에 이를 정도로 성장한 브랜드이다.

1997년도부터 가맹사업을 시작했고 가맹본부의 매출액이 274,788,000,000 원 임직원 수가 79명에 이를 정도로 상당히 안정화 되어있는 기업이라고 볼 수 있다.

〈표7〉 정보공개 현황

가맹사업연도	1997
업종	패스트푸드
임직원 수(명)	79
총자산(천 원)	81,425,000
가맹점 수(당해)(개)	121
가맹본부매출액(당해)(천 원)	274,788,000
가맹본부매출액(전해)(천 원)	247,415,000
가맹점 평균 매출액(천 원)	386,104
서울지역 가맹점 평균매출액(천 원)	350,760
가맹점 부담금 (천 원)	319,200

자료: 2016 대한민국 프랜차이즈 랭킹, (2014년 정보공개서 기준).

써브웨이 인터내셔널 비브이에서 운영하는 샌드위치 전문 프랜차이즈 〈써브웨이〉는 창업경영신문이 매년 1월에 발표하는 '대한민국 프랜차이즈 랭킹' 에서 표준점수 753점을 획득, 전반적으로 우수한 평가를 받았다. 특히 회사규모와 광고·홍보, 재무안정성, 관리충실도 부문 등에서 높은 점수를 받은 것이 '대한민국 100대 프랜차이즈' 로 선정되는 데 결정적인 작용을 한 것으로 보인다. 다만, 가맹점수익성과 성장 부문 등에서는 다소 낮은 점수를 획득했다.

샌드위치 전문점은 그저 간식으로 치부되던 메뉴였으나 최근에는 아침은 물론 간편하게 즐기는 한 끼 식사의 대용으로 자리 잡아 가고 있다. 개인의 기호에 맞춘 속 재료의 구성이 가능하며 패스트푸드의 대명사인 햄버거보다는 건강해 보이고 어디서나 간편하게 끼니를 해결할 수 있다.

단일 상품의 단점인 다양한 상품 구성의 어려움을 소스와 다양한 속재료로 변화를 줄 수 있고, 여러 가지 음료와 함께 상품 구성을 할 수 있는 장점이 있는 반면 철저한 위생관리와 신선재료의 유통이 중요한 창업아이템이다.

소비자가 직접 원하는 제품을 구미에 맞게 선택할 수 있게 함으로써 개인의 독특한 레시피로 된 샌드위치를 맛볼 수 있으며 이의 조합으로는 수백만 가지의 조합이 가능하여 나만의 개성 있는 샌드위치를 먹을 수 있다는 장점을 가지고 있다.

써브웨이 창업의 성공전략에 대해서는 다음과 같이 요약해 볼 수 있는데, 우선 특별한 조리과정을 거치지 않기 때문에 다양한 재료들을 고객들이 신선하다고 느낄 수 있어야 하며 이는 고객의 신뢰와 직결된다.

또한 친절한 서비스는 어느새 공식처럼 되어버린 것이 사실이다. 식재료 하나하나를 고객들이 직접 눈으로 보기 때문에 여타 업종에 비해 위생관리의 중요성이 더 강조될 수 있다. 일반적으로 고객의 신뢰는 본사 중심의 마케팅 활동에 의해서 만들어지는 것이지만, 고객을 직접 응대하는 가맹점 차원에서도 고객에게 일정 수준 이상의 신뢰를 줄 수 있는 다양한 방안이 마련되어야 한다. 또한 지속적인 광고·홍보를 통한 신규 고객의 창출 그리고 체계적인 고객관리를 통한 재방문 비율을 높이려는 노력이 필요하다.

III

돈가스

1. 추억의 돈가스

1) 스테디셀러 돈가스 전문점

선호부위에 비해 가격이 저렴한 돈 등심에 빵가루를 묻혀 완성되는 돈가스. 점심메뉴로 남녀노소에게 사랑받는 스테디셀러 메뉴 중 하나다. 대부분의 사람들이 오래되고 익숙할수록 자세히 들여다보지 않는 습관이 있는데, 그래서 그런지 돈가스의 '역사' 와 '맛' 을 정리한 것은 있어도 식재료 정보는 찾아보기 힘들다.

모든 식재료가 그런 것은 아니지만 원가절감을 이유로 품질면에서 대부분 하향평준화 돼 있는 게 현실이다. 하지만 돈가스는 예외다. 물론 계육을 혼합하여 갈아 만든 민찌 돈가스와 같은 저가제품도 존재하지만 점점 취급하지 않는 추세이며 이전보다 찾아보기 힘들어졌다. 또한 돈 등심의 특성상 수입산의 수입량도 적고 국내산의 가격이 합리적으로 책정돼 대부분 식품회사에선 '국내산 등심' 이란 키워드를 강조하고 있다. 여기에 더해지는 빵가루 또한 '건식' 에서 고급 빵가루인 '습식' 으로 몇 년 사이에 급격히 변화하고 있는 추세다.

2) 추억과 전설의 음식 돈가스

요즘 돈가스가 몹시 눈에 밟힌다. 처음 돈가스를 경험한 유년의 기억은 그 맛을 결정한다. 경양식집에서 수프와 모닝 빵을 곁들여 정찬으로 맛본 사람에게는 '커틀릿' 같은 프렌치 양식의 향수가 있다. 대학교 학생식당이나 택시기사 식당의 왕돈가스로 시작한 이에게는 큼지막한 튀김옷을 입은 자태가 매력적인 빈의 '포크 슈니첼' 처럼 허기를 채워주는 든든한 한 끼의 만찬으로 기억된다.

집에서 어머니의 돈가스로 식탁을 채워 나가던 시절, 아시아 스타일의 양식으로 소개되던 '포크 가스' 는 양식 요리책의 주인공이었다. 실제 포크 가스는 돈가스의 아버지다. 우지를 자박하게 두른 팬에 지지듯 짚신짝처럼 큼지막하게 펼쳐 튀겨내던 음식으로 주로 우스터소스를 곁들였다. 지금처럼 두툼한 돼지고기를 기름 솥에 튀겨내어 소스와 겨자를 곁들여 먹는 방식이 오늘날 돈가스의 원형이다.

한국에서는 1985년 분쇄육 돈가스 패드가 처음 등장하면서 값싼 음식의 대명사가 됐다. 이후 전통 일본식 돈가스 전문점들이 들어섰지만 술집이나 푸드 코트의 매장 등 어디서든 손쉽게 만날 수 있는 전략적 메뉴로 자리 잡았다.

돈가스는 일본이 유럽의 요리를 일본식으로 독자적으로 발전시킨 결과물이다. 돈가스가 완성되기까지 양배추와 그에 맞는 일본식 우스터소스가 필요했다. 가고시마의 돼지고기 같은 양질의 재료와 풍미를 한껏 살린 다양한 튀김 기름, 무엇보다 바삭한 튀김옷을 극대화할 수 있는 빵가루가 필요했다. 그 덕분에 일본의 돈가스 전문점들은 스테이크와 견주어도 품위가 떨어지지 않는 오늘날 도쿄 나리쿠라와 같은 '돈가스의 성지'를 만들었다.

돼지고기라면 한 치의 양보도 없는 한국 요리도 독자적인 스타일의 돈가스를 만들었다. 제주도 흑돼지, 이베리코 베요타 같은 최상등급의 고기를 이용하여 트러플 소금이나 저온으로 조리한 돈가스에 독자적인 소스를 곁들인다.

그러나 여전히 줄을 서는 돈가스 가게는 퇴근길에 집으로 가져갈 수 있는 맥주 안주, 아이들 반찬으로 좋은 수제 돈가스 매장들이다. 식욕을 북돋우는 고기의 육즙과 밀가루에 스며든 기름의 풍미, 무엇보다 바삭 튀겨진 돼지고기와 밥, 소스가 어우러진 조화는 '치맥'의 아성과 견줄 만하다. 머릿속에 그려진 맛을 그대로 보여주는 음식, 이것이야말로 돈가스 맛의 비밀이다.

돈가스는 여전히 추억이고 전설이다. 특히 가을비가 내리고 세상사는 일이 고단하고 힘이 든다고 생각될 때 돈가스는 별미다.

3) 복고풍 감성 넘어 새로운 아이템으로 진화 중

추억의 돈가스라 하면 1980년대 경양식당에서 제공했던 돈가스가 떠오른다. 하얀 접시를 가득 채운 압도적인 크기와 얇은 두께, 갈색 소스를 한껏 끼얹었지만 칼로 자르면 바삭바삭 소리가 나며 군침 돌게 만들었다. 1990년대에 들어서 경양식당이 줄어들고 일식돈가스 시장이 커지면서 한동안 주춤했지만 2015년을 전후로 복고풍과 함께 추억의 메뉴로 재조명 받으면서 프랜차이즈 시장의 새로운 아이템으로 진화하고 있다.

(1) 수익률 높고 인기 꾸준한 아이템

돈가스전문점을 찾는 고객들은 어린이부터 10대 청소년, 20~30대, 40~50대 중년층 등 나이대가 다양하다. 40~50대 남성 고객층이 주력인 기사식당에서도 돈가스는 단연 인기메뉴다. 이처럼 돈가스는 남녀노소 누구나 좋아하고 모든 세대가 부담 없이 선호하는 메뉴로 지속적인 수익창출이 가능하다는 것이 장점이다.

특히 추억의 돈가스의 가장 큰 강점은 주요 식재료 원가가 낮다는 것이다. 1인분(약 120g)에 사용되는 돼지고기 등심 원가가 800~900원 정도로 고기를 다듬는 과정에서 발생하는 로스를 감안해도 돈가스 1인분의 고기 원가는 1000원 정도에 불과하다. 메뉴 구성에 따라 가격대를 6000~7000원대부터 8000~9000원, 1만 원 대로 제공한다면 수익성을 극대화할 수 있다. 다양한 사이드메뉴와의 결합이 가능하다는 점도 창업시장의 스테디셀러로 각광 받는 이유다.

(2) 추억의 돈가스, 한식돈가스

추억의 한국식 돈가스는 고기가 두툼한 일본식 돈가스와는 다르다. 고기를 얇고 넓게 펴 빵가루에 묻혀 튀겨낸 다음 여기에 김치와 단무지, 밥을 곁들여 먹는다. 경우에 따라 장국을 함께 내주는 곳도 있다.

돼지고기를 얇게 저며 튀겨내는 것은 서양음식의 일종인 포크커틀릿을 만드는 방법이다. 이 포크커틀릿이 우리나라에 처음 들어온 것은 일제강점기인 1930~40년대로 전문가들은 추정하고 있다.

먹을 것이 부족했던 1950~60년대는 돈가스 메뉴가 대중화 될 수 없었고 1970~80년대에 들어서야 경양식당이 널리 생기기 시작하면서 대중화됐다. 경양식집의 돈가스는 포크커틀릿의 조리법을 따라 얇게 튀긴 것으로 고기를 두껍게 썰어 튀겨낸 일본식 돈가스와는 다르다.

기름을 많이 써야하고 조리시간도 긴 일본식 돈가스보다 포크커틀릿이 더 만들기 용이했다는 점, 게다가 고기를 두드려 넓게 펴면 큰 접시를 가득 채워 더 푸짐해 보였고 여기에 밥과 김치를 곁들여 한국식 돈가스가 탄생한 것이다.

1970년대 외식 메뉴로 짜장면이 대세였다면 1980년대 들어서면서 경양식당에서 제공하는 돈가스, 함박스테이크 등이 대세로 자리 잡았다. 특히 한식돈가스라 불리는 추억의 왕돈가스는 1990년대에 들어 일식돈가스에 밀려 기사식당 중심으로 명맥을 이어가다가 2015년을 전후로 복고 바람이 불면서 다시금 추억의 메뉴로 주목받기 시작했다.

(3) 외식업계 복고 바람, 경양식돈가스 재조명

1970~80년대 졸업이나 생일 등 특별한 날에만 가던 경양식당이 최고의 외식이던 때가 있었다. 어두운 조명 아래 잔잔한 음악이 흘러나오면 붉은색 소파나 천으로 덮힌 의자에 앉아 식전 나오는 하얀 크림수프에 후추를 뿌려먹고 돈가스에 나오는 공기밥과 빵 중에 한 가지를 고를 수 있었다.

외식업계 관계자들은 이런 추억의 경양식 돈가스가 다시 주목 받게 된 이유로 과거의 향수를 자극하는 추억 마케팅과 매스컴의 영향을 꼽는다. 불황이 계속 되면서면서 경제 사정이 좋았던 IMF 이전의

1980~90년대를 그리워하는 중장년층과 어린 시절 가족들과 찾았던 경양식당의 추억을 느끼고 싶어하는 30~40대, 응답하라 1988, 집밥 백선생, 3대 천왕 등 일명 먹방과 드라마를 통해 호기심을 느낀 20대들이 추억의 경양식을 찾는다는 것이다.

특히 돈가스는 다른 메뉴에 비해 가격대가 저렴하고 고객들이 점심식사 메뉴로 편하게 즐길 수 있다는 점, 저녁에는 생맥주와 곁들여 술안주로 먹을 수 있다는 점에서 인기가 높다.

예전의 추억의 경양식 콘셉트는 갖고 가되 돈가스와 어울릴 수 있는 다양한 사이드메뉴를 선보이라고 조언한다. 돈가스를 좋아하는 고객들이라도 한 달에 한 두 번 돈가스 매장을 찾는 것이 일반적이기 때문에 다른 메뉴로 재방문 횟수를 높이고 일식 등 다양한 퓨전 돈가스에 익숙해진 소비자들의 눈높이에 맞춰야 한다.

실제로 '101번지남산돈까스' 는 한국식 왕돈가스를 선보이면서 여름에는 시원한 메밀국수를 사이드메뉴로 선보여 일식 느낌을, 겨울에는 미트볼스파게티로 서양식 느낌을 낸다. 돈가스와 함께 떡볶이를 사이드메뉴로 내는 '혜화동돈까스극장' 은 "돈가스는 여러 가지 사이드메뉴와 조합해 다양한 느낌을 낼 수 있는 활용도 높은 메뉴" 라며 "사이드메뉴 매출을 통해 부가수익을 올리는 전략이 중요하다" 고 설명한다.

(4) 10분 이내 짧은 조리시간으로 회전율 높여

추억의 돈가스는 왕돈가스로 불릴 만큼 커다랗고 얇은 두께가 특징이다. 원육의 비계부위를 떼어내고 120g 단위로 자른 다음 연육기계에 넣어 10cm 이상으로 편 뒤 다시 조리용 망치로 두들겨 13~14cm로 넓고 얇게 펼치는 과정을 거친다.

하지만 프랜차이즈 업체의 경우 이런 1차 과정을 가공공장에서 미리 거치기 때문에 각 매장에서는 손질된 돈육에 달걀물이나 돈가스 파우더, 빵가루를 입히고 튀겨내는 작업만 하면 된다. 튀김 시간은 2분 30초 이내, 주문 즉시 조리해도 10분 이내 메뉴가 나오는 시스템이라 회전율을 높일 수 있다.

101번지남산돈까스의 대표는 "1990년대 돈가스가 기사식당 메뉴로 각광 받았던 이유도 빠른 조리시간과 높은 회전율에 있다"며 "고객이 몰리는 점심시간은 주문 즉시 돈가스를 튀겨낼 수 있도록 빵가루를 미리 입히는 등 준비시간이 필요하다"고 설명했다.

소스도 OEM 생산 완제품을 제공하기 때문에 매장에서는 재료 준비와 끓이고 맛을 내는 과정을 거치지 않아 주방 오퍼레이션과 인력 소모를 줄일 수 있다.

돈가스와 곁들여 나오는 피클, 레드빈, 김치와 단무지는 모두 완제품. 양배추 샐러드와 마카로니 정도만 매장에서 준비하면 된다. 식전 준비하는 수프도 시중에서 판매되는 파우더 제품에 물을 붓고 10분 정도 끓이면 된다.

(5) 소자본 창업으로 배달·테이크아웃 가능

최근 추억의 한식돈가스는 복고풍 바람을 타고 백화점이나 쇼핑몰 식품매장 등으로 영역을 넓히고 있다. 101번지남산돈까스는 20년 이상의 한국식 돈가스라는 콘셉트로 고급 이미지의 일식돈가스와 차별화, 샤보텐과 같은 일식돈가스 매장이 있는 센트럴시티, 현대백화점 등에 입점해 월 1억2000만 원 이상의 매출을 올리고 있다. 가격대는 기존 한식돈가스보다 2000~3000원 높은 9000원~1만 원대 이상으로 책정, 수익률을 높였다.

추억의 돈가스는 B급 상권에서도 테이크아웃형, 배달형 등 다양한 매장 형태로 영역을 넓히고 있다. 배달 위주의 혜화동돈까스극장은 66.12㎡(20평) 이내 소자본·소규모 창업이 가능한 아이템으로 입지에 큰 영향을 받지 않아 임대료 부담을 줄였다.

매장과 홀의 인테리어에 힘을 빼는 대신 배달에 사용하는 포장재에 복고풍 디자인과 BI를 새겨 복고 콘셉트를 강조했다. 매장은 예전 경양식당에서 사용했던 중고 의·탁자를 배치했고 주방용품과 기기들도 중고를 사용해서 창업비용을 낮췄다.

2. 돈가스 전문점의 매력

1) 등심은 정형이 쉬워 대량화 가능

돈가스는 크게 등심과 안심돈가스로 분류된다. 두 원육의 가격대는 비슷하나 안심 돈가스의 가격이 더 나가는 편이다. 안심을 작업하는 공정이 등심보다 복잡해 인건비가 더 들어가는 까닭이다. 안심보다 등심돈가스가 대중화 된 이유가 여기에 있다.

등심은 비교적 부수력이 약한 배색 근섬유가 많아 드립이 많이 발생한다. 따라서 드립을 막을 베타믹스 활용을 잘 해야 한다. 또한 등심은 정형이 비교적 쉬워 대량생산이 가능하지만 안심은 정형이 복잡하고 한 마리에서 나오는 양이 극히 적어 대량화가 힘들다.

두꺼운 두께의 등심돈가스는 냉동 유통시 조리할 때 속까지 익지 않는다. 그래서 두꺼운 원육의 냉동 돈가스는 시중에 거의 없다. 따라서 냉장유통이라면 가능하나 수요가 많지 않아 소규모의 식품회사에서 주문 생산하고 있는 게 현실이다.

식품회사에서 '통' 등심이라고 광고를 하고 있지만 돈가스의 평균 두께는 5㎜ 정도에 두께가 얇은 제품이 대부분이다.

2) 식당 형편에 맞는 가격대의 제품 선택 필수

등심돈가스의 평균 식당 유통가격은 얼마일까? 성인 1인 기준 돈가스 1인분은 180~200g 정도다. 200g 기준으로 등심돈가스의 평균 가격대는 개당 900~2500원으로 천차만별이다. 돈가스 가격에 가장 영향을 미치는 것은 등심 원육이다. 그래서 등심 원육이 냉장 또는 냉동상태에서 작업 되는지의 여부가 중요하다. 하지만 결국엔 냉동으로 유통되기 때문에 맛의 편차가 크지 않다는 것이 전문가의 의견이다.

등심을 제외한 비선호 부위를 갈아 만든 민찌돈가스의 경우 200g 기준 300~700원대다. 돈가스 뷔페 또는 일반 식당에서 가장 많이 사용된다. 대부분 메인요리보단 반찬용으로 사용되는 경우가 많다. 돈가스 전문점이 아닌 이상 식당에 맞는 가격대의 제품을 선택하는 것이 합리적인 판단이다.

돈가스에서 등심이 차지하는 비율은 대개 50~60% 이며 베타믹스와 빵가루 즉, 피복률은 40%대다. 이 비율이 맛도 준수하며 유통과정 상 용이하다고 판단하기 때문이다.

빵가루는 '건식' 과 '습식' 으로 나뉜다. 건식은 말 그대로 건조시켜 분말 형태로 만든 빵가루로서 저가 돈가스에 주로 사용된다.

습식은 우리가 흔히 알고 있는 일식 돈가스에 사용되는 긴 빵가루다. 습식 빵가루는 실면 길수록 고급스럽다는 인식이 있지만 유통시 쉽게 분리된다는 단점이 있다.

그래서 빵가루의 평균 길이는 1~1.3㎝ 정도에 그치는 편이다. 긴 빵가루를 사용하는 것이 튀겼을 때 비주얼과 식감이 좋다는 것이 소비자의 의견이다.

전문점이 아닌 일반식당에서 돈가스 메뉴 도입이 가장 꺼려지는 이유는 바로 튀김기와 기름 값이다. 이런 상황 탓에 몇몇 식품회사에선 전자렌지로 조리할 수 있는 돈가스를 개발했다. 일명 카스(CAS)공법이라 불리우는 냉동기술을 도입하여 한 번 튀겨낸 돈가스를 영하 40~50%에서 그대로 냉동시켜 원육과 튀김 본연의 식감을 최대한 살려낸다.

전자렌지에 2~3분만 가열하면 바삭한 식감을 낼 수 있다. 하지만 일반 돈가스보다 가격대가 높은 편이다. 더욱이 전자렌지에 조리했을시 튀김보단 식감이 떨어진다는 단점이 있다.

튀김기 도입이 부담스러운 업주에게 전자렌지용 돈가스는 한 번 고려해볼만 하다.

3) 돈가스는 반찬으로 포지셔닝시 훨씬 매력적

저렴한 식재료를 이용하여 고부가가치를 창출하는 것은 모든 외식 업주의 바람이다. 대체로 점심 메뉴로 인색돼 있는 돈가스를 '반찬'으로 포지셔닝(Positioning)을 했을시 소비자의 만족도가 높은 편이다. 민찌돈가스의 경우 반찬으로 제공해도 원가면에서 경쟁력이 있다. 오피스 상권마다 있는 돈가스 뷔페의 인기만 봐도 알 수 있다. 돈가스를 메인 메뉴가 아닌 뷔페의 한 메뉴로 포지셔닝한 좋은 예다. 일반 식당에서도 이러한 전략을 사용해 점심매출을 활성화 한 곳들이 더러 있다.

서울 목동의 한 족발전문점에선 점심메뉴 주문시 순살 돈가스를 무한리필로 제공한다. 콘셉트상 점심 매출에 어려움을 겪기 마련이다. 현재는 도입하기 전보다 소비자의 만족도가 높아지고 매출도 상승했다. 굳이 질 좋은 돈가스를 사용하지 않아도 소비자들에게 거부감이 없다.

'돈가스'라는 메뉴의 인식은 반찬보다 상위개념에 속하기 때문이다. 민찌돈가스를 이용하면 웬만한 반찬 원가와 비슷한 수준이기 때문에 업주 입장에서 큰 부담이 없다.

3. 돈가스 우수브랜드의 프랜차이즈 성공전략

1) 매운라멘과 왕돈가스의 만남 〈시오도메〉

일본식 라멘과 추억의 메뉴 왕돈가스의 이색만남이 이목을 끌고 있다. 돈가스·일본생라멘 전문점 〈시오도메〉는 기존 창업시장에서 흔히 보기 힘들었던 새로운 메뉴조합으로 본격적인 가맹사업에 나섰다.

2011년 1월 브랜드를 론칭한 〈시오도메〉의 대표메뉴는 시오라멘, 쇼유라멘, 나가사끼 짬뽕, 왕돈까스, 대왕돈까스, 가쯔돈 등이다.

원목을 활용한 모던 인테리어를 인테리어 콘셉트로 잡고 있으며 입지전략은 오피스가, 거주지역, 학원가 등이다. 창업비용은 9700만원(99㎡/30평 기준)이다. (1899-0287 www.siodome.co.kr)

〈시오도메〉의 경쟁력을 정리해 보면 다음과 같다.

① 대중적인 메뉴의 새로운 조합 : 매운라멘과 왕돈가스라는 대중적인 메뉴를 조합해 신규 고객층을 확대한다.

② 자체 생산 물류 공급으로 차별화된 맛 : 자체식품 공장 운영으로 가맹점 운영 편의성 및 경쟁력 있는 맛을 제공한다.

③ 푸짐한 비주얼로 펀(Fun)요소 가미 : 대왕돈가스의 푸짐한 양

으로 젊은층의 재미요소를 충족시켜준다.

지난 2011년 안양 삼막점에 직영점 오픈을 시작으로 현재 9개의 매장을 운영하고 있는 〈시오도메〉가 시스템 재정비를 마치고 창업 시장에 본격적인 출사표를 던졌다. 돈가스·일본생라멘 전문점인 시오도메는 한국인의 입맛에 맞춘 일본식 매운라멘과 남녀노소 누구나 좋아하는 메뉴인 왕돈가스를 함께 제공하고 있다.

기존 창업시장에서 각각의 메뉴는 높은 대중성만큼이나 개별 전문점 위주로 활성화 돼 있다. 〈시오도메〉는 이 두 가지 메뉴를 세트로 저렴하게 즐길 수 있도록 해 고객들의 큰 호응을 얻고 있다. 가장먼저 오픈한 안양 삼막점은 줄서는 맛집으로 입소문을 타기도 했으며, 가맹점인 구리점의 경우 가맹점주 한 명이 한 지역에 3개 매장을 오픈, 그 가능성을 검증받으며 활발하게 운영하고 있다.

이곳은 대중적인 메뉴의 새로운 조화를 통해 시너지를 일으키는 것이 목표였다. 젊은 층은 물론, 옛날 왕돈가스에 대한 향수가 있는 중장년층에게도 큰 호응을 얻고 있다.

〈시오도메〉가 사랑받는 또 하나의 이유는 정성이 담긴 수제요리를 지향한다는 점이다. 매장에는 즉시 조리로 대기시간이 길어질 수 있음을 알리는 문구가 있을 정도로 주문 후 바로 조리해 더욱 신선하게 즐길 수 있다. 특히 이곳만의 특제 돈가스 소스는 핵심 경쟁력이다. 30여 종의 식재료를 3시간 이상 달여 만든 수제 소스로 향이 풍부하고 깊은 맛이 특징이다. 고기는 국내산 한돈 생고기를 사용해 육즙이 살아 있어 진정한 수제 돈가스의 참맛을 느낄 수 있으며 주문 즉시 바삭하게 튀겨 제공한다.

시오라멘은 일본라멘을 한국인의 입맛에 맞게 퓨전화한 메뉴다. 국내산 한우, 한돈, 닭에 20여 종의 채소를 넣고 48시간 우려 담백하고 깊은 맛이 일품이다. 라멘 역시 즉석 수제요리를 지향하는데 주문 즉시 각종 재료를 볶아 칼칼한 불맛을 살린 것이 특징이다.

〈시오도메〉 관계자는 "일본라멘이 갖는 다소 느끼하고 텁텁한 맛을 비법 레시피를 통해 제거하고 부드럽고 구수한 시오도메만의 라멘을 제공한다"며 "진한 육수에 얼큰한 맛으로 한국인의 입맛에 맞춘 것이 특징"이라고 말했다.

고품질의 재료와 맛을 매장마다 균일하게 유지할 수 있는 가장 큰 이유는 본사가 직접 식품 제조공장을 운영하고 있기 때문이다. 라멘 육수 및 돈가스 등은 매장 주방에서 1차 가공 시 많은 시간과 인력이 필요하다. 이를 보완하기 위해 본사의 식품 공장에서 1차 조리해 가맹점에 제공함으로써 매장 운영의 편리성을 더했다. 라멘 육수는 사골을 48시간 우려 완제품으로 납품하며, 돈가스 역시 얇게 편 국내산 돼지고기를 염지해 제공, 매장에서는 빵가루에 묻혀 튀기기만

하면 된다. 라멘, 돈가스 외 각종 식재료도 동원 홈푸드와의 제휴를 통해 전국구 물류 배송이 가능하도록 했다.

자체물류는 가맹점 운영의 편의성은 물론 브랜드만의 맛 차별화를 할 수 있도록 하는 요소이다. 다른 곳에서는 맛볼 수 없는 〈시오도메〉만의 맛을 제공하고 있는 것이 브랜드의 특징이다.

"설마 이 정도까지 클 줄이야" 메뉴명 그대로 '대왕' 만 하다는 대왕돈가스를 주문한 고객들은 생각 이상으로 큰 크기에 벌어진 입을 다물지 못한다. 주문한 대왕돈가스가 나오자마자 연신 카메라 셔터를 눌러대는 고객들을 쉽게 찾아볼 수 있다.

\맛과 더불어 양으로 승부하는 대왕돈가스는 지름 50㎝의 접시를 한가득 꽉 채우는 양이 제공된다. 웬만한 먹성이 아니고서야 성인 남성2인도 그릇을 깨끗이 비우는 일이 드물 정도로 푸짐함을 자랑한다. 단순히 먹는 것에서 그치는 것이 아니라 눈으로 보고 즐기는 것까지 하나의 외식문화로 자리 잡고 있는 요즘, 대왕돈가스에 대한 고객들의 호평은 주목할 만하다.

㈜소담푸드 생산물류팀의 팀장은 〈시오도메〉가 프랜차이즈임에도 불구하고 맛집 포지셔닝이 가능한 요인으로 안정적인 물류 시스템을 꼽았다. 대부분의 식재료가 매장에서 간단하게 조리할 수 있도록 제공되기 때문에 점주 없이도 무리 없이 돌아가는 '오토(Auto)매장'

이 많은 것도 특징이다. 대부분의 식재 물류를 본사 식품공장에서 제조해 제공하지만, 〈시오도메〉는 당당하게 '수제음식' 이라고 표현할 만큼 고품질의 식재료를 제공하고 있다. 또한 최근 공장을 확장해 더욱 다양한 식재료를 제공하고 있으며 기존 99㎡ 이상 규모의 매장 오픈이 많았으나, 향후 예비 창업자들의 소자본 창업 니즈에 따라 테이크아웃 전문점을 가맹모델화 하는 것도 고려하고 있다.

〈시오도메〉의 주 타깃 고객층이 20~30대 여성 및 주부 고객이었다면 향후 가족 외식 및 1인 가구를 위한 테이크아웃 고객으로까지 확장하였으며, 유행을 타지 않는 '국민메뉴' 가 가진 장점을 살려 창업시장에 본격적으로 도전하고 있다.

2) 웰빙을 뛰어넘는 로하스 먹거리 〈생생돈까스〉

외식시장에서 강하게 불고 있는 매스티지 열풍을 이미 10년 전부터 실천한 브랜드가 있다. 그것도 매스티지와는 다소 거리가 있다고 느껴질 수 있는 돈가스 전문점이라는 데에 새삼 놀라지 않을 수 없다. 바로 프리미엄 돈가스 브랜드 ㈜에버리치F&B의 〈생생돈까스〉가 그 주인공이다. 이 회사는 한국외식경제연구소를 함께 운영하며 예비 창업인들을 대상으로 창업교육과 메뉴개발 등에도 주력하고 있다.

(1) 10년 전부터 매스티지 실천 〈생생돈까스〉

돈가스는 과거에 고급 경양식 메뉴 가운데 하나였지만, 시간이 흐르면서 값싼 브랜드들이 생겨나고 주변 분식점들에서도 돈가스 메뉴를 취급하기 시작하면서 점차 분식처럼 취급받게 됐다. 그런 와중에 프리미엄 돈가스나 정통 일식 돈가스를 표방하며 차별화를 시도하는 브랜드들이 하나둘 생겨나기 시작했다.

2004년 론칭한 〈생생돈까스〉는 부산 경남지역에서만 많은 매장을 오픈하며 해당 지역의 대표적인 프리미엄 돈가스 전문 브랜드로 자리매김 했다. 이후 전국화에 성공해 전국적으로 130개 매장을 운영하고 있는 돈가스 브랜드의 대표 주자다. 또한 HACCP인증을 받은 프리미엄 국산 포션육만을 취급하며, 신선한 식재료 유통을 위해 체계화된 콜드체인시스템을 운영하는 등 타 브랜드와의 차별화에 주력해오고 있다.

〈생생돈까스〉는 한돈 인증을 받은 국내산 1등급 생고기를 녹차, 허브, 와인과 10여 가지의 유기농 야채로 숙성시켜 만든다. 따라서 돼지고기의 누린내가 전혀 없으며, 부드러운 육질과 각종 생리활성물질, 비타민, 미네랄 등의 영양소가 풍부하다. 무엇보다 냉동고기를 쓰는 타 브랜드에서는 만날 수 없는 풍부하면서도 부드러운 식감을 느낄 수 있다.

(2) 1등급 생고기와 프라임 오일 등으로 차별화

〈생생돈까스〉는 고기뿐만 아니라 오일, 빵가루 등도 차별화시켰다. 트렌스 지방산을 제거한 프라임 오일로 튀김방식에 대한 부담을 줄이고, 빵가루 역시 일반 돈가스 전문점에서 많이 사용하는 딱딱한 건식 빵가루 대신 국내 제빵분야 명장의 손을 거친 습식 빵가루로 만들었다. 부드러우면서도 더욱 바삭한 식감을 제공하기 위해서다. 특히 독자적인 상품개발 시스템을 통해 시시각각 변화하는 소비자의 입맛도 사로잡으며 명실상부한 프리미엄 돈가스의 시장을 만들어 갔다. '웰빙을 뛰어넘는 로하스 먹거리' 라는 경영철학으로 소비자들의 건강을 위한 신선육과 트랜스 지방이 없는 프라임 오일, 돈가스의 풍미를 더해주는 자체개발한 소스와 드레싱 등 주요 식자재를 자체 개발해 공급하고 있다.

실제로 이곳에서 생산하는 프리미엄 포션육은 '식어도 맛있는 돈가스' 라는 평가처럼 육질이 부드럽고 뛰어난 맛을 느낄 수 있다. 대다수 돈가스 전문점이 냉동 고기로 만드는 것과 달리 〈생생돈까스〉는 생고기로 돈가스를 만드는 원칙을 회사 창립 당시부터 지금까지 고집스럽게 고수해오고 있다. 엄격한 품질관리 기준에 의해 자체개발한 프라임 오일은 여타 오일에 비해 돈가스의 맛을 장시간 지속시켜 준다는 점에서 이 브랜드만의 장점이 돋보인다.

(3) 콘셉트와 디자인 차별화로 명품 이미지 구축

〈생생돈까스〉는 전체적인 매장 콘셉트와 디자인에도 차별화를 시도하고 있다. 우선 전문 디자이너 영입을 통해 SI(Shop Identity)의 변혁을 꾀한 것이다. 기존의 CI와 BI의 콘셉트를 명확히 하고, 한발 더 나아가 매장 내 외부 디자인의 결과물인 SI의 혁신을 통해 신선하고 차별화된 매장 인테리어를 만들어 갔다. 이런 노력은 브랜드와 매장의 차별성은 물론 돈가스 전문점의 명품화에 크게 일조하는 결과로 작용했다.

인테리어 역시 젊은층을 고려해 밝은 우드톤의 카페식 인테리어로 기존 돈가스전문점과 차별화 했다. 붉은 톤의 다양한 조명은 매장의 부드럽고 따뜻한 분위기를 연출해 주며, 전체적으로 깨끗하고 깔끔한 인테리어는 고객들에게 세련된 감성을 전달하는 동시에 청결한 이미지까지 심어주고 있다.

소비자들은 요리 하나를 먹더라도 맛, 가격, 분위기 까지 꼼꼼하게 따져보고 선택하며, 자신의 가치소비에 맞는 프리미엄 브랜드에 대해 높은 선호도를 보인다. 〈생생돈까스〉는 '돈가스도 프리미엄으로 즐긴다' 는 인식을 심어준 브랜드로 앞으로 좋은 식재료와 합리적인 가격으로 소비자들과 지속적인 신뢰를 이어갈 것이다.

이 같은 〈생생돈까스〉 의 경쟁력을 요약해보면 다음과 같이 정리해볼 수 있다.

① 최고의 제품과 서비스로 프리미엄 돈가스를 추구한다.

② 본사와 가맹점, 그리고 협력사와 하나 된 동반자 관계를 유지하며, 고객에게도 좋은 식재료와 합리적인 가격으로 소비자들과 소통을 만들어 나간다.

③ 경쟁을 넘은 차별화된 인테리어, 고급스런 소자본 창업의 저력

④ 예비창업자들의 여건에 맞는 매장형과 배달복합매장 등 맞춤형 사업모델 제안

⑤ 투자대비 수익 및 안정성이 높은 사업모델

현재 〈생생돈까스〉는 고객의 안전과 건강을 위해 오일에서 트랜스 지방산을 제거, 웰빙 먹거리를 실현하고 있다. 여기에 자체 개발한 소스는 과일과 허브 등을 추가해 웰빙 시대에 걸 맞는 차별화된 맛을 느낄 수 있게 해준다. 드레싱에도 키위 등 각종 과일로 풍미를 더해 제공하고 있다.

3) 이모작 창업 가능한 돈가스 전문점 〈카우보이돈까스〉

트렌디한 아이템의 이모작 창업이 가능한 브랜드로 유명한 아메리

칸 빈티지 스타일의 매장에서 돈가스와 치킨, 피자, 스테이크를 동시에 판매하는 〈카우보이돈까스〉가 탄생했다. 세련된 감성과 문화를 더한 매장에서 아메리칸 스타일의 돈가스를 제공하여 식사와 맥주를 동시에 즐길 수 있는 게스트로펍으로 창업시장에 신호탄을 던졌다.

2014년 12월에 브랜드를 론칭한 〈카우보이돈까스〉의 대표메뉴는 카이보이돈까스(7500원), 아메리칸돈까스(8500원), 카우보이치킨(1만 2500원), 텍사스콤보피자(8900원), 그릴함박스테이크(8900원) 등이다. 아메리칸 빈티지 캐주얼 스타일이라는 인테리어 콘셉트를 추구하고 있다. (www.cowboy2014.com)

〈카우보이돈까스〉의 경쟁력으로는 다음과 같은 것들을 꼽을 수 있다.

① 대중성 있는 아이템 : 남녀노소가 좋아하는 메뉴로 홀, 테이크아웃, 배달 등 도시다발적 매출 창출

② 가니쉬와 소스의 차별화 : 전문가 집단의 자체 메뉴 R&D를 통해 차별화된 가니쉬와 소스 개발

③ 이모작 창업아이템 : 낮에는 식사를 판매하고 밤에는 맥주를 판매하는 이모작 창업아이템

〈표8〉 개설비용

<table>
<tr><th colspan="2">내역</th><th>창업비용</th><th>세부사항</th></tr>
<tr><td rowspan="6">기본
창업
비용</td><td>로열티</td><td>평생 면제</td><td rowspan="4">영업표시(브랜드) 사용, 매뉴얼 제공, 온 · 오프라인 마케팅 지원, 실전 매장운영 노하우, 주방교육 등 전수</td></tr>
<tr><td>가맹비</td><td>10호점까지 면제</td></tr>
<tr><td>교육비</td><td>300만원</td></tr>
<tr><td>홍보물,
비품비</td><td>50~350만원
패키지 중 선택</td></tr>
<tr><td>공통
주방설비</td><td>중고주방~1150만원
패키지 중 선택</td><td rowspan="2">30여 개 메뉴조리에 따른 각종 주방설비 및 집기 일체</td></tr>
<tr><td>주방집기,
매장집기</td><td>매장별 상이</td></tr>
<tr><td rowspan="3">공사
비용</td><td>실내 인테리어</td><td>창업자 직접시공</td><td>창업자 직접시공 및
본사의뢰시공
(150만/3.3㎡)가능,
감리&감수비용 무료</td></tr>
<tr><td>실외 간판어닝
/ 파사드</td><td>매장별 상시 /
창업자 직접 시공
가능</td><td>채널 간판 등 /
감리&감수비용 무료</td></tr>
<tr><td>의탁자/POS/
소품</td><td>300만원</td><td>카우보이 스타일 테이블 및
의자세트(6ea 기준)</td></tr>
<tr><td colspan="2">별도 비용</td><td colspan="2">POS, 물류이행보증금 200만원</td></tr>
</table>

자료 : 김성은, "월간식당" (2015.08, 177), 42.97㎡(13평) 기준, VAT 별도.

돈가스는 대중적인 외식메뉴를 손꼽히는 아이템이지만 대표적인 1위 브랜드는 없다. 조리공법이 단순해 비슷비슷한 품질의 돈가스를 내놓는 상황에서 1위를 결정짓는 것은 바로 소스와 가니쉬 그리고 운영방식이라고 판단했다.

〈카우보이돈까스〉는 크림소스, 커리소스, 칠리소스 등 다양한 소스와 함께 과일, 채소, 감자튀김 등 푸짐한 가니쉬를 함께 제공해 평범한 돈까스를 더욱 업그레이드 했다. 그렇다고 돈가스의 품질이 평범하기만 한 것은 절대 아니다. 돈가스의 맛을 좌우하는 연육 작업 시 칼집의 깊이나 넓이 압착 강도 등을 〈카우보이돈까스〉만의 스펙에 맞춰 개발하여 부드러우면서도 씹는 맛이 살아있다. 사소한 부분에서 차별화된 경쟁력을 가져갈 수 있었던 데에는 이곳 대표의 이력이 빛을 발한 것으로 보인다.

그는 오랜 시간 외식업 관련 전문기자로 활동했다. 이후 기자생활을 그만두고도 외식연구소 총괄자로 활동하는 등 오랜 시간 업계에서 직접적인 경험과 노하우를 키워왔다.

기본기가 튼튼해야 한다는 생각에 각종 조리 자격증을 취득할 정도로 외식 관련 전방위적인 직·간접 경험을 했다고 자부한다며 그간의 노하우를 바탕으로 원가분석과 조리과학에 근간해 메뉴를 제공하는데 핵심가치를 두었다.

오랜 준비 끝에 외식시장에 출사표를 던진 만큼 갈고 닦은 노하우와 경영철학을 바탕으로 외식업계에 의미 있는 브랜드를 만들어가고 있는 것이다.

4) 20년 한식돈가스맛 그대로 〈101번지남산돈까스〉

〈101번지남산돈까스〉는 1992년 남산 초입의 기사식당으로 출발해 1996년 인기 메뉴인 돈가스를 주력으로 내세우면서 남산돈까스로 명칭을 바꿨다. 관광객들이 꼭 들르는 지역 명소로 자리매김하면서 남산의 명물이 되었고 한국식 수제 돈가스로 20년 전의 조리법과 맛을 그대로 유지하면서 연평균 25만 명의 고객들이 꾸준히 찾고 있다.

2011년부터는 법인으로 전환해 사업확장에 나섰고 지난 2016년부터는 창업주의 아들인 (주)에스엠제이 컴퍼니의 대표가 〈101번지남산돈까스〉라는 이름으로 프랜차이즈 사업을 시작하면서 매장수를 늘려가는 중이다. 현재 백화점 등 몰 위주의 직영점 7곳과 가맹점 2곳을 운영 중이다.

(1) OEM 제조 · 생산으로 본점의 맛 유지

〈101번지남산돈까스〉는 본점의 맛을 각 가맹점에서도 쉽게 재현해 낼 수 있도록 돈가스 원육과 소스를 OEM 생산 방식을 통해 반제품 상태로 공급한다. 경기도에 위치한 원육 가공 공장에서는 돼지고기 등심의 비계를 떼어내고 120g 단위로 잘라 단면적을 넓히는 공정을 거친다. 각 가맹점에서는 돼지고기를 절단하거나 펴는 전처리 과정이 줄어들어 주방 오퍼레이션이 간편해지고 인력 소모를 줄일 수 있다.

돈가스의 핵심인 소스를 본점의 맛 그대로 유지시켜 나가는 점도 중요하다. 소스는 유니푸드라는 업체를 통해 남산돈가스소스라는 제품명으로 OEM생산하는데 30년 전의 자극적이지 않은 소스맛을 유지위해 이상필 대표가 직접 2주 간격으로 공장에 들러 맛을 체크한다.

과일, 채소 등 30가지 재료를 넣어 과하게 달지 않은 맛을 내고 케첩의 맛이 튀지 않게 신경 썼다. 끓이는 시간과 온도에 따라 소스의 맛이 미세하게 달라져 맛의 디테일에서 차이나기 때문에 일정하게 유지될 수 있도록 각별히 주의를 기울이는 부분이다.

돈가스와 함께 제공하는 채소류는 현대그린푸드에서 배송, 본사는 식재료율이 항상 33% 내외가 되도록 유지하고 36%선은 넘지 않도록 한다.

(2) 20년 전 선보인 한국식 수제돈가스

〈101번지남산돈까스〉는 창업 당시부터 선보였던 한국식 수제돈가스 맛을 20년 동안 그대로 이어가고 있다. 일본식 돈가스와는 다르게 120g 원육을 넓고 얇게 펼쳐서 돈가스 돈육의 지름을 13~14cm로 유지시키고 굵은 습식 빵가루로 바삭바삭한 맛을 살린 것이 특징이다.

소스는 돈가스 위에 뿌려먹는 묽은 상태로 과하게 달지 않으면서도 돼지 스지를 넣어 고소한 맛을 낸다. 추억의 맛을 잊지 못하는 고객들과 남산을 찾는 관광객, 어린이를 포함한 가족 단위 고객들이 꾸준히 찾는 이유다. 돈가스를 내기 전 나오는 수프는 시중에서 판매되는 파우더 제품을 활용한다.

돈가스와 한 접시에 나오는 곁들임 음식으로는 양배추 샐러드와 마카로니, 레드빈, 피클, 공깃밥이 제공되며 특이한 점은 오이고추 1개와 쌈장이 제공된다는 점이다.

기사식당으로 운영할 당시 반찬으로 나오던 풋고추를 돈가스와 함께 내면서 남산돈까스만의 시그니처가 되었다. 밑반찬으로는 배추김치, 단무지가 제공되고 공깃밥과 수프는 무한리필이다.

식전 수프는 시판 중인 오뚜기 파우더 제품을 사용한다. 물을 넣고 끓여서 사용하며 미리 끓여서 보온통에 담아놓고 주문 즉시 제공한다. 그리고 한국식 돈가스에 빠질 수 없는 김치와 단무지 반찬 모두 OEM제품을 사용한다.

오이맛풋고추는 남산돈까스만의 특징이다. 현대그린푸드에서 공급하는 롱그린 품종으로 매운맛은 덜하고 아삭아삭한 맛이 돈가스와 잘 어울린다.

소스는 돼지스지와 비계를 넣어 숙성시킨다(자체 개발한 OEM제품). 원조왕돈까스의 크기는 약 18~20cm, 13인치 접시를 가득 채울 만큼 압도적이다. 사용 돈육은 120g, 고기를 얇게 펴서 푸짐해 보이도록 했다. 가격은 9000원이다.

(3) 5~10분 조리과정으로 회전율 높이는 시스템

〈101번지남산돈까스〉는 기사식당으로 시작한 만큼 짧은 조리과정으로 회전율을 높이는 시스템이다. 1차 가공과정이 끝난 돈육이 배송되기 때문에 밀가루와 달걀물, 빵가루를 입혀서 튀기는 과정이 5분 내외, 소스는 OEM 제품을 보온통에 넣어 따뜻하게 유지시키면서 완성된 돈가스에 붓기만 하면 된다.

식전 수프도 시중에 판매되는 파우더형 제품에 물을 붓고 끓여서 보온통에 준비한다. 피클, 레드빈과 같은 곁들임 음식은 조리과정이 필요 없고 마카로니를 미리 준비해 놓으면 조리시간을 단축시킬 수 있다. 고객이 주문하면 그 즉시 돈가스를 튀겨 5~10분 안에 메뉴가 나오기 때문에 회전율이 극대화된다.

본점을 제외한 모든 지점의 점심시간 평균 회전율은 3회전, 저녁은 2회전 정도다.

가장 인기가 높은 원조왕돈까스는 9000원, 모든 메뉴가 9000~1만원 선으로 돈가스 사이즈를 차별화시키는 전략으로 기존 6000~7000원의 가격보다 객단가가 높다. 지점 평균 매출은 1억~ 1억 5000만원 선, 순이익률은 15~10%다.

5) 20~30대 공략한 복고풍 콘셉트 〈은화수식당〉

〈은화수식당〉은 은화수식당은 2013년 부산 서면본점에서 시작해 2016년 서울에 입성한 브랜드다. 유행을 타지 않고 안정적인 매출을 올릴 수 있는 돈가스와 카레를 주메뉴로 구성, 경양식돈가스를 주력 메뉴로 선보인다.

매장 인테리어 등 브랜드 콘셉트에 복고풍 분위기를 잘 녹여내면서 소비주체인 20~30대 여성을 타깃으로 인기 데이트 코스로서 자리매김했다. 현재 직영점 1곳을 포함해 30곳을 운영 중이다.

(1) 고객 시선 사로잡는 복고풍 콘셉트

〈은화수식당〉은 20~30대 여성 고객의 감성을 자극하는 이색적인 분위기로 매장을 꾸몄다. 빨간색을 주조로한 외관과 복고풍 감성의 간판은 1970~80년대의 이미지를 연상시킨다. 외관의 유리창을 크게 내서 내부의 복고풍 인테리어가 밖에서도 잘 보이게 만들었다.

매장 내부는 빨간색과 톤 다운된 초록색을 매치한 목재 천장, 빨간색 장미 이미지를 사용한 인테리어로 예전 경양식당 분위기를 냈다. 빨간색은 복고풍 느낌을, 장미는 고급스러운 경양식당 이미지를 떠올리게 한다는 것이 본사 측의 설명이다.

장미가 그려진 스테인드글라스 조명, 추억의 경양식당을 떠올리게 만드는 복고풍 느낌의 의 · 탁자, 도자기 식기류는 모두 자체 제작했다. 가격대는 높지만 브랜드 콘셉트를 유지하기 위해 각 가맹점에 본사 물품사용을 권장한다. 외부 물품을 사용하면 복고풍 이미지에 맞지 않고 미투브랜드나 짝퉁브랜드로 고객들이 오해할 수 있기 때문이다.

본사 관계자는 "복고풍 느낌의 중고 물품을 사용할 수도 있지만 브랜드 콘셉트에 맞는 빨간색 물품은 단종되거나 색이 바래서 중고 시장에서는 온전한 물건 찾기가 어렵다" 며 "젊은 여성들의 감성을 자극하고 추억을 떠올릴 수 있는 콘셉트에 맞게 자체 제작했다" 고

설명했다. 인테리어비용은 3.3㎡(1평)당 200만 원선이다.

(2) 젊은 고객 입맛에 맞춘 도톰한 돈가스

〈은화수식당〉은 대표메뉴인 경양식돈가스를 포함해 돈가스 메뉴 9가지를 선보인다. 크고 얇은 추억의 돈가스와는 달리 일본식 돈가스에 익숙한 20~30대 고객의 입맛에 맞춰 1.5cm 두께의 고기를 사용해 도톰하게 만든다.

경양식돈까스 6000원, 하와이돈까스 6500원 등 돈가스 가격대를 6000원에서 7000~ 8000원대로 구성, 젊은 고객들이 부담 없이 먹을 수 있는 대신 도톰한 두께로 육즙과 씹는 맛을 살려 만족도를 높였다.

국내산 생등심을 가공공장에서 비계를 떼어내고 100g 단위로 잘라서 연육작업을 마친 뒤 약 1.5cm 두께로 각 매장에 공급한다. 매장에서는 가공돈육을 본사에서 자체 개발한 염지액에 넣고 2~3시간 정도 숙성시킨 뒤 돈가스 파우더와 빵가루를 묻혀 튀겨낸다.

빵가루를 입히면서 고기를 살살 눌러주면 두께 약 1cm, 가로 길이 약 15cm의 성인 남성 손바닥 크기가 되고 165℃의 기름에 2분 30초 정도 튀긴 뒤 소스를 부어 내면 주문 후 5~10분 이내에 돈가스가 완성된다.

소스는 R&D팀에서 자체 개발한 소스로 부산 지역의 보감푸드와 OEM 생산방식으로 만든다. 기존 경양식 돈가스 소스와는 달리 단맛과 향이 강한 것이 특징이다. 식전 수프는 시판 파우더 제품을 사용하며, 미리 조리해 보온용기에 보관했다가 바로바로 제공한다.

(3) 소규모 매장에 적합한 시스템

〈은화수식당〉은 소규모 매장에서 순이익을 올릴 수 있는 시스템을 적용하고 있다. 주방을 오픈형으로 설치, 주방 앞에 바테이블과 1인석을 배치해 회전율을 높였다.

고려대점의 경우 40㎡(12평) 소규모 매장에서 바테이블 1인석 9개, 일반 테이블석은 18석으로 점심 3회전, 저녁에도 3회전이 가능하다. 월평균 매출은 방학 기간 2400만~2800만원, 학기 중에는 3200~3800만원 정도다.

주방 시스템도 가공돈육과 소스 완제품 사용으로 간소화시켰고 카레 메뉴도 OEM 생산 액상 완제품을 냉동 형태로 매장에 배송하면 아침에 끓여 보온통에 준비하는 방식이다.

카레에 올리는 토핑도 닭가라아게, 새우튀김, 게살크림고로케 등 9가지 튀김 모두 돈가스와 같은 주방 오퍼레이션으로 조리가 가능하다. 주방의 인력은 2명으로 운영이 가능해 인건비 부담이 매출 대비

20~25%, 식재료비용은 35%, 순이익률은 35%정도다.

돈가스와 함께 내는 장국물은 면사랑 가쓰오우동장국 전문점용 제품을 사용하고 있으며, 수프는 시판 파우더 크림수프제품을 사용한다. 단무지는 한 접시에 내고 레드빈, 양배추 샐러드, 마카로니, 공기밥을 소량씩 제공하고 커팅과 연육 작업이 끝난 가공 돈육을 달걀물 대신 돈가스 파우더에 묻혀 사용한다. 그밖에 젊은 고객층 입맛에 맞도록 1.5cm의 도톰한 돈육을 사용한다. 중량은 100g으로 타 브랜드보다 적지만 넓게 펴지 않아 육즙과 씹는 맛을 즐길 수 있다.

자체 제작한 복고풍 콘셉트 인테리어와 돈육 두께를 살린 도톰한 돈가스, 조리법의 간소화로 주방 인건비를 절감했다는 점을 이곳 브랜드의 경쟁력으로 꼽을 수 있다.

2013년 12월 브랜드를 론칭한 〈은화수식당〉은 현재 30여개의 매장을 보유하고 있다. 이곳의 대표메뉴는 경양식돈까스 6000원, 하와이돈까스 6500원, 매콤이돈가스 6500원 등이 있으며, 창업비용은 40㎡(12평기준) 7000~7500만원이다. (1855-3012)

6) 배달로 즐기는 추억의 돈가스 〈혜화동돈까스극장〉

〈혜화동돈까스극장〉은 생생돈가스 총괄이사 출신인 대표가 지난해

9월 론칭한 브랜드다.

돈가스 재료 유통사업에 뛰어들어 개인 프랜차이즈 사업을 준비하던 중 2015년부터 유행하던 복고풍 콘셉트에서 힌트를 얻어 〈혜화동돈까스극장〉을 오픈하게 됐다.

20년 전 대학시절 데이트 코스로 삼았던 혜화동의 분위기를 담아 매장 인테리어, BI 등 브랜드 이미지를 구축하고 배달과 테이크아웃 위주로 주택가 상권과 오피스 상권을 동시에 공략한다는 전략이다.

현재 영등포 직영점 1곳과 사당, 공릉, 남양주 등 가맹점 18곳을 운영 중이다.

(1) 7가지 자체 개발 돈가스 소스로 취향 저격

〈혜화동돈까스극장〉은 옛날돈까스, 양파돈까스, 매운고추돈까스 등 각 돈가스 메뉴에 맞춰 정통소스, 양파소스, 숯불소스, 매운소스, 크림소스, 잭다니엘소스 등 총 7가지의 자체 개발 돈가스 소스를 제공한다.

모두 이곳 대표가 직접 개발한 레시피로 7곳의 소스 공장에서 OEM 방식으로 생산한다.

옛날돈가스에 들어가는 정통소스는 데미글라스소스와 우스터소스를 섞어서 만든 것. 당도와 염도의 비율을 1:1로 맞추는 작업을 통해 우스터소스의 신맛과 데미글라스의 단맛이 서로 중화되면서 찍어 먹거나 부어먹을 수 있게 만들었다.

인기 메뉴인 양파돈가스의 양파소스에는 양파, 사과, 파인애플, 당근을 포함한 20여 가지 채소와 과일이 들어간다.

이렇게 다양한 소스를 준비한 이유는 돈가스에 사용되는 돼지고기 등심 부위가 입맛이 확 당기는 찰진 맛이나 기름진 맛이 없는 담백한 맛이기 때문이다.

(2) 한국인이 좋아하는 3단 콤보메뉴로 부가 매출 UP

〈혜화동돈까스극장〉은 돈가스 외의 사이드 메뉴로 떡볶이와 짬뽕을 판매한다. 이승용 대표는 돈가스, 떡볶이, 짬뽕은 한국인이 가장 좋아하는 메뉴로 식사나 간식으로도 즐길 수 있어 부가 매출을 올리기에 좋다고 설명한다.

돈가스 가격은 7000~8000원 대, 떡볶이 메뉴를 3000~4000원 대에 구성한 이유도 두 가지 메뉴를 합쳐 만 원 대에 제공함으로써 객단가를 높이기 위해서다.

돈가스, 떡볶이, 짬뽕은 원팩 소스류와 반가공 상태의 재료만 준비하면 간단한 조리법으로 완성이 가능하다.

혜화동떡볶이, 사천짜장떡볶이, 치즈떡볶이, 매운카레떡볶이 등 5

가지 떡볶이 메뉴는 파우더 형태의 소스를 사용해 5~10분 안에 조리가 가능하고 짬뽕용 육수와 소스도 완제품으로 공급, 육수에 소스를 풀어 맛을 내는 방식으로 조리법이 간단하다.

(3) 돈가스 메뉴 10분 이내 완성

〈혜화동돈가스극장〉은 목우촌, 선진, 도드람 3곳에서 원육을 공급받는다. 가공업체에서 양돈협회의 시세에 따라 저렴한 원육을 매입하면 혜화동돈가스극장에서 원하는 가공방식으로 1차 가공을 마쳐 각 매장에 공급되는 방식이다.

가공공장에서는 등심을 120g 단위로 썰고 연육기에 넣어 부드럽게 만든 다음 성형틀에 넣고 프레스로 눌러 10cm의 일정한 크기로 넓히는 과정을 거친다.

매장에서는 1차 가공 공정이 끝난 돈육에 소금, 후추 간을 하고 4시간 염지를 시킨 다음 돈가스 파우더와 빵가루를 입혀 튀겨내면 된다. 염지 시간을 빼고 돈육에 파우더를 입혀 튀겨내는 조리시간은 5~10분.

달걀물 대신 사용하는 돈가스 파우더는 대기업과의 협업을 통해 연구·개발한 제품으로 동결 건조 달걀과 허브가 들어가 돼지고기의 잡내를 잡아주는 효과가 있다.

매장에서 달걀물을 준비해야 하는 번거로움이 없고 최근 AI나 살충제 이슈에 따른 위험요인도 없다. 식재료 원가율은 35%를 꾸준히 유지한다.

(4) B급 상권에서 배달 위주 운영으로 수익률 높여

추억의 돈가스가 매장에서 즐기는 돈가스에서 배달로 즐기는 돈가스로 변화하고 있다. 짜장면처럼 편안한 일상의 음식이라는 콘셉트에 맞춰 배달 방식을 택해 주택 상권에 스며들고 있다는 것이다.

배달형, 배달+홀, 100% 홀 운영과 숍인숍, 업종전환, 점포이전 등 다양한 형태로 창업 가능하다.

영등포 직영점은 B급 상권 건물 2층에 위치해 48㎡(14.5평, 16석)의 홀 운영과 배달을 겸하고 있는데 임대료는 월 50만원, 매출은 일 200만원으로 수익률은 35~40%, 이중 85%가 배달 매출이다.

배달의민족, 요기요, 배달통 등 배달앱과 테이크아웃용 소셜커머스를 적극 활용해서 광고와 홍보비를 절감하고 배달맛집으로 인지도를 쌓은 뒤 홀을 찾는 고객들이 늘어나는 전략이다.

간단한 조리법으로 주방 인력도 최대 2명이다. 돈가스 포장과 홀을 보는 사람은 1명이면 충분하다는게 본사 측의 설명이다.

〈혜화동돈가스극장〉은 B급 상권 2층에 위치해 임대료를 낮추면서 독특한 BI와 색깔만으로 복고풍 분위기를 냈다.

달걀물 대신 대기업과 함께 개발한 돈가스 파우더를 사용하며 특히 7가지 자체 개발 돈가스 소스를 OEM 제품으로 사용한다. 정토소스, 양파소스, 숯불소스, 매운소스, 크림소스, 잭다니엘소스가 있다. (매운크림소스는 매운소스와 크림소스를 섞어서 쓴다.)

사이드메뉴로 3000~4000원 대 떡볶이 메뉴를 제공하여 객단가를 1만원 대로 올리며, 돈가스와 곁들이는 음식으로 양배추 샐러드, 단무지, 공깃밥을 제공한다. 배달 서비스에 맞춘 단출한 구성이다.

혜화동 옛날돈까스 소스는 데미그라스와 우스터 소스를 섞은 정통 소스를 사용한다.

2016년 9월 브랜드를 론칭한 〈혜화동돈가스극장〉은 약 19개의 매장을 보유하고 있으며, 대표메뉴로는 혜화동 옛날돈까스 6900원, 혜화동 양파돈까스 7500원, 혜화동 떡볶이 3900원, 혜화동 짬뽕 5900원을 꼽을 수 있다. 창업비용은 약 3000만~4000만원(50㎡, 15평 기준)내외이다.

자체개발한 7가지 돈가스 소스와 B급 상권에서 배달 매출로 수익률 상승, 배달형, 배달+홀 등 다양한 매장 유형을 이곳의 경쟁력으로 요약할 수 있다.

7) 20년 돈가스 장수브랜드의 대명사 〈코바코〉

코를 박고 먹을 정도로 맛있다는 독특한 이름의 〈코바코〉는 1999년 설립 이래 19년간 꾸준히 사랑 받고 있는 대표 돈가스 프랜차이즈다.

(1) 부부창업으로 시작한 프랜차이즈

〈코바코〉는 1999년 5월 서울 마포구 동교동에 1호점과 물류센터를 동시에 오픈하면서 영업을 시작했다. 당시 이곳 대표이사는 직영매장에서, 그의 부인인 부사장은 물류센터 돈가스 생산공장에서 공장 운영을 맡았다.

매장에서 고객 반응을 살피고 메뉴 레시피가 주방에서 잘 적용되는지 살피는 것은 대표의 몫, 매장의 정보를 바탕으로 신메뉴 개발을 함께 상의하고 생산공장 직원들을 챙기는 것은 부사장의 역할이었다.

대표 부부는 창업 초기부터 회사를 함께 운영해 나가면서 부부 경영 시스템의 기틀을 다져 나갔다. 안과 바깥에서 호흡을 맞춰가면서 대표와 임원으로서 경영에 대한 노하우를 쌓은 것이다.

호경에프씨의 부사장은 "부부 경영의 장점과 단점을 모두 알고 있기 때문에 가맹점 운영이 부부 창업에 최적화 될 수 있도록 구축했다" 며 "코바코는 부부가 각각 홀과 주방을 책임지는 2인 점주 시스템으로 운영되는 것이 특징이다.

앞으로 최저시급이 1만 원으로 오르고 직원들의 근로시간도 줄어든다면 부부창업이 대세가 될 것으로 보인다" 며 "그런면에서 〈코바코〉는 경쟁력 있는 창업 아이템이다" 라고 강조했다.

이런 시스템 때문에 코바코 가맹점의 80% 이상은 부부창업에 적합한 소규모 창업이다. 부인이 주방인력과 레시피, 메뉴 구현을 책임진다면 남편은 홀서빙과 고객 서비스를 담당하는 식이다.

(2) 통합물류센터 운영으로 안정적인 물류시스템

〈코바코〉는 요즘 외식업의 필수 요소인 가성비라는 개념을 창업 당시부터 도입했다.

2000년 이후 사업이 번창하면서 본사가 운영하는 통합물류센터를 구축했으며, 2004년 7월, 김포시 통진읍에 대지 6611㎡(2000평), 건평 2314㎡(700평) 규모의 물류센터를 세우고 각 가맹점으로 동일한 품질의 식재료를 공급하고 있다. 취급하는 품목만 150가지, 거래처는 30곳이 넘는다.

(3) 유산균 숙성 돈가스로 매출 상승세

조리의 편의성도 중요하지만 〈코바코〉에는 더 특별한 원칙이 한 가지 있다. 바로 바삭바삭하면서도 맛있는 돈가스를 고객에게 대접하자는 것이다.

돈가스는 완제품이 아닌 숙성 돈육과 빵가루를 따로 포장해 가맹점에 배송한다. 매장에서는 돈육에 빵가루를 입히는 과정이 번거로울 수 있으나 주문 즉시 만들어 내는 바삭바삭하고 고소한 돈가스에 고객 만족도가 높다.

특히 돈가스용 고기는 국내산 1등급 돼지고기 등심과 안심을 사용한 숙성육을 통합 물류센터를 통해 공급한다.

〈코바코〉의 강점으로는 인건비를 줄일 수 있는 부부창업과 안정적인 물류시스템 및 본사 식품개발연구소에서 개발한 유산균 숙성 돈가스를 꼽을 수 있다.

이곳의 베스트메뉴는 1위 치즈돈가스 8000원, 2위 로스(등심)가스 7500원, 3위 적셔먹는 돈가스 9000원, 4위 히레(안심)가스 8000원, 5위 김치찌개 돈가스 8500원이다.

1999년 5월 브랜드를 론칭한 〈코바코〉는 현재 190여개의 매장(직영 포함)을 보유하고 있다. 식재료비 비율은 38%내외이며, 가맹점 평균 수익률 25%, 창업비용은 6000만~1억원(33~50㎡, 매장별 상이)이다.

〈표9〉 돈가스 제조업체의 디렉토리

NO	업체명	연락처	사이트/주소
1	건아푸드	062-366-5501	www.건아푸드.kr 광주 광산구 평동산단도 143번길 251
2	귀한밥상	1661-7860	www.foodthanks.co.kr 부산 부산진구 서전로 37번지 25-9
3	늘찬	031-401-0370	www.nelchan.kr / 광주 북구 설죽로 370번길 6
4	다인제주	1566-6264	www.dinejeju.com 제주 애월읍 하귀로 25길 26-3
5	덕순네푸드	063-353-0583	www.sdsfood.com 전북 장수군 계남면 고양로 573-61
6	돈까스플라자	063-322-2326	www.dkplaza.co.kr 전북 무주군 무주읍 당산리 1838번지
7	동양종합식품	1588-3587	www.dongyangfoods.com 경북 영천 금호읍 금창로 165
8	동화	043-820-3700	www.dhfoods.kr 충북 청주 흥덕구 봉면동 371-18번지
9	로즈식품	042-472-0223	www.rosefood.kr / 대전 서구 만년동 19번지
10	머거바식품	043-283-2377	머거바식품.한국 충북 청주 흥덕구 분평동 254-1
11	무진장흑돼지푸드	063-432-8246	mjj.or.kr / 전북 진안군 진안읍 전진로 2755
12	봄푸드	061-762-0744	bomfood.com / 전남 광양 광양읍 예구10길 25
13	비스트로식품	031-737-9866	www.bistrofood.co.kr 경기 성남 중원구 갈마차로 244번길 31
14	상신종합식품	1588-4018	www.ss-food.com 충남 천안 서북구 성환읍 어룡리 346-13
15	새아침	044-862-8222	www.saeahchim.co.kr / 세종 연서면 공단로 157
16	수차종합식품	02-2607-6490	www.sucha.co.kr 서울 양천구 곰달래로5길 49-1
17	야미푸드	031-704-8980	www.yamifood.com 경기 이천 마장면 덕평로 691번길 46
18	영빈식품	044-556-8862	www.youngbeen.co.kr / 세종 소정면 소정구길 212
19	영인푸드	031-797-7826	www.younginfood.com 경기 광주 곤지암읍 광여로 4번길 31

NO	업체명	연락처	사이트/주소
20	올댓푸드	1688-6929	www.atfood.co.kr 서울 금천구 독산동 335-21
21	요런마켓	010-8611-5821	www.yorunmarket.co.kr 서울 동작구 상도동 23-5 한독빌딩3층
22	우리두리식품	053-421-3530	www.daraefood.com 대구 남구 대명5동 194-18
23	우리푸드	032-681-3119	www.woorifood.co.kr 경기 부천 오정구 고강본동 404-8
24	원푸드	041-957-1061	www.onefoodmall.co.kr 충남 서천구 장항읍 장산로 641-10
25	웰립스	070-8637-8067	www.wellleafs.com 서울 성북구 보문동2가7-2 백제빌딩201호
26	이든키친	043-224-7774	www.edenkitchen.kr 충북 청주 상당구 대성로 119번길 13
27	일오삼식품	061-383-0611	www.153food.com 전남 담양군 수북면 쪽재골길 20
28	진영식품	043-421-1635	www.jinyoungfood.com 경기 안양 동안구 관양동 1591
29	진푸드시스템	031-541-9173	www.jinfood.co.kr 경기 포천 군내면 246
30	참돈가스	051-997-4841	charmdon.com 부산 동래구 명륜동 115-8번지
31	참맛푸드	010-4162-6004	www.ichamfood.co.kr 부산 연제구 연산동 1256-9 2층
32	참어돈	051-243-8962	참치나라.com 부산 서구 충무동1가 34-6번지 천금빌딩1층
33	천일식품	1800-1001	www.chunilfood.co.kr 인천 남동구 앵고개로 426
34	하늘채돈까스	043-276-9790	www.하늘채돈까스.org 충북 청주 서원구 현도면 시목외천로 404-19
35	하몽푸드	051-302-6114	hamomgfood.co.kr 부산 사상구 장인로 37번길 15
36	한맥식품	031-575-8833	www.hanmacfood.co.kr 경기 남양주시 진접읍 팔야리 628-1
37	한솔식품	032-561-9261	www.foodhansol.com 인천 계양구 효성동 331-7
38	행운식품	064-723-1266	luckyfood.ejeju.net 제주 신대로 6길 21

IV

버거

1. 돌아온 수제버거 열풍

트렌드는 돌고 돈다. 지난 2016년 7월 미국의 유명 버거 브랜드 쉐이크쉑이 국내에 상륙하면서 2010년 초반에 불었던 수제버거 열풍이 6년 만에 다시 광풍으로 들이닥쳤다.

1) 수제버거 시장의 역사와 발전

국내에서 '수제버거' 는 항상 논란의 대상이다. 수제의 범위가 모호하며, 명확한 정의가 없는 데다 업계 관계자마다 '수제' 에 대한 인정 범위도 천차만별이다. 엄격한 잣대로 수제버거를 정의하기도 하고, 햄버거 공정 방법 등에 있어서 보다 너그러운 기준을 적용하는 경우도 있다.

모스버거 마케팅팀의 파트장은 "과거에는 버거의 패티, 번 등 모든 재료 하나하나를 손으로 만든 것을 수제버거라고 했다면 최근에는 주문한 후 준비된 재료로 햄버거를 조립하는 애프터 오더 방식을 적용하는 프랜차이즈 햄버거 전문점에까지 수제라는 키워드가 확장되고 있다" 고 말했다. SPC SS 사업팀의 부장은 쉐이크쉑이 수제버거라고 불리는 이유에 대해 고객에게 수제버거는 건강한 식재료를 사용하는 햄버거를 편안하고 쾌적한 분위기에서 즐길 수 있는지에 관한 서비스 품질의 차이에서 비롯된 것임을 설명했다.

〈표10〉 버거 브랜드 론칭 시기로 보는 국내 햄버거 시장의 역사

	브랜드	특징
1979년	롯데리아	
1984년	버거킹	
1988년	맥도날드	
1998년	크라제버거	수제버거 시장 진출
2001년	맘스터치	
2005년	스모키살룬 썬더버거	
2010년	브루클린더버거조인트 아이엠어버거 버거헌터 버거비	수제버거 시장 확장
2011년	자니로켓	해외 브랜드 도입
2012년	모스버거	
2013년	-	크라제버거 경영난 악화 수제버거 시장 하락세
2014년	OK버거	
2015년	토니버거	
2016년	쉐이크쉑	

유명 햄버거 브랜드가 수제버거 시장에 등장한 것은 2011년 ㈜신세계푸드가 미국 오리지널 햄버거 '자니로켓'을 신세계 강남점에 입점하면서부터다. 당시 대기업 식품·유통사가 미국식 버거 브랜드를 론칭하면서 국내의 이목을 끌었으나 평균 1만원대의 높은 햄버거 가격에 많은 소비자를 확보하는 데는 한계가 있었다.

2012년에는 '모스버거'가 잠실롯데점에 입점하면서 해외 프리미엄버거 브랜드의 국내유입이 본격적으로 화제를 모으기 시작했다. 피에르 에르메와 딘타이펑을 운영하는 ㈜미디어윌과 일본 모스푸드 서비스가 합장 투자해 설립한 회사인 ㈜모스버거코리아는 국내에 모스버거를 도입, 국내 고객에게 일본 여행 시 꼭 들려야 하는 맛집으로 알려지면서 기대를 모았다. 화제에 힘입어 모스버거는 론칭 당시 5년 이내에 30여 개 매장 오픈을 목표로 시작했으나 목표에는 한참 못 미쳤다. 비교적 높은 가격이 소비자에게 부담으로 작용한 데다 현지화에 따른 논란 등으로 큰 호응을 이끌어내지 못했다. 하지만 모스버거는 국내 시장에 맞는 메뉴와 마케팅 전략으로 가맹점 수를 천천히 확대해 나간다는 방침으로 브랜드를 전개하고 있으며 4년이 지난 현재 13개의 매장을 운영하고 있다.

향후 5년 동안의 매장 운영 노하우를 발판으로 매장 전개에 박차를 가해 매년 7개의 매장 확장을 목표로 가맹점을 확대할 예정이다.

2) 쉐이크쉑 열풍, 수제버거 재도약의 도화선

현재 국내 수제버거 시장에 강한 파급력을 미치고 있는 브랜드는 SPC그룹이 지난 2016년 7월에 오픈한 미국 유명 햄버거 브랜드 쉐이크쉑이다. 폭염에도 불구하고 햄버거를 맛보기 위해 마장 오픈 2~3시간 전부터 연일 장사진을 이루고 있는 가운데 수제버거 열풍이 다시 한 번 발화할지 관심이 집중되고 있다.

한때 선풍적이었던 수제버거가 다시 조명 받을 수 있었던 것은 이 시장에 관한 국내 소비자의 니즈가 꾸준히 존재했던 이유가 크다. 실제로 국내관광공사의 국내관광 통계자료에 따르면 해외관광객 성장률이 전년 대비 2014년 8.3%, 2015년 20.1%로 급증했다.

이는 해외 여행하는 국민이 증가하면서 수제 및 프리미엄버거에 대한 인지도와 관심이 함께 높아졌다고 분석할 수 있다. 한편 수제버거를 캐치프레이즈로 내건 프랜차이즈 업체의 괄목 성장한 모습도 주목할 만하다.

꾸준히 가맹사업을 전개하던 맘스터치는 지난 2015년 500호점을 오픈하며 고품질 합리적인 가격대의 수제버거가 가맹모델도 가능하다는 것을 입증했다.

3) 프랜차이즈 패스트푸드, 고객 취향 고려한 수제버거 잇따른 출시

국내 햄버거 시장을 이끌어 온 패스트푸드 업계에서도 건강한 식재료에 대한 고객의 니즈를 반영하여 수제버거 스타일의 햄버거를 출시하고 있다.

(1) 맥도날드, 내 취향대로 만들어 먹는 '시그니처 버거'

시그니처 버거는 맥도날드의 프리미엄 수제버거다. 번, 패티, 치즈, 채소 등 총 20여 가지의 엄선된 식재료 가운데 디지털 키오스크를 통해 취향에 따라 주문할 수 있는 '시그니처 버거' 와 국내인의 입맛에 맞게 만들어진 '추천 버거' 2가지 방식으로 즐길 수 있다. 추천 버거는 달걀 프라이가 들어간 골든 에그 치즈버거와 버섯을 사용한 그릴드 머쉬룸 버거, 매콤한 맛이 특징인 핫 올 오버 버거 등 5종류가 있다. 시그니처 버거는 출시 이후 평균 성장률이 두 배 이상씩 성장 중이다.

(2) 롯데리아, 좋은 재료 활용의 A to Z 'AZ(아재)버거'

1979년 서울 중구에 햄버거전문점을 최초로 선보인 롯데리아는 지난 2015년 11월 원재료를 차별화한 모짜렐라 인 더 버거를 선보인 이후, 번과 패티에 차별화를 둔 AZ(아재)버거를 출시해 고객의 호평을 받고 있다.

모짜렐라 인 더 버거의 경우 치즈의 재고량이 없어 품귀현상을 겪기도 했다. 식재료를 차별화한 아재버거는 오리지널 정통버거를 표방한다. 저온에서 12시간 발표한 통밀 발효종 효모를 사용해 촉촉하면서도 부드러운 브리오쉬번을 완성하고 있으며, 호주 청정우로 만든 커다란 크기의 순 소고기 패티는 풍부한 맛을 배가한다. 오리지널, 베이컨, 더블 3종류가 있으며 주문과 동시에 만들기 시작하는 애프터 오더 방식을 적용한 수제 타입의 제품이다.

4) 진화하는 패스트푸드, 패스트&프리미엄

'사 먹지만 대충 먹지는 않겠다' 는 소비자 심리와 조금이라도 고급화 · 차별화해 '어떻게든 패스트푸드의 이미지에서 벗어나겠다' 는 패스트푸드 업계의 다소 아이러니한 움직임이 만났다. 그 결과 탄생한 것이 패스트 프리미엄. 2017년에도 패스트푸드의 진화는 계속되고 있다.

수제버거와 오더메이드 버거, 미래형 매장까지 따지고 보면 수제버거의 시발은 1998년 수제버거를 표방하며 버거 시장에 혁명을 일으켰던 크라제버거다.

'버거=패스트푸드' 라는 인식을 뒤엎으며 파인다이닝을 표방, 건강을 생각한 한끼 식사로서의 고급 버거를 선보였다. 이후 국내외 다양한 브랜드가 경쟁하며 시장은 조금씩 자리를 잡아갔고, 지난 2016년 쉐이크쉑 버거의 국내 상륙은 프리미엄 버거 시장에 방점을 찍었다.

맥도날드와 버거킹, 롯데리아 등 국내 버거 3사도 품질과 서비스, 이미지 개선에 여념이 없다. 프리미엄 제품군을 강화하며 주문 후 조리시스템을 확대하는가 하면 매장 구조를 변경해 조리과정을 오픈하기도 한다. 맥도날드는 지난 2016년 버거의 재료를 직접 선택해 주문할 수 있는 시그니쳐 버거 출시에 이어 최근에는 매장 인테리어와 서비스, 직원 유니폼까지 리뉴얼한 미래형 매장을 새롭게 선보였다. 주문 편리성을 높이기 위해 디지털 키오스크를 도입하고 저녁 시간에는 테이블 서비스도 제공하는 등 자사가 추구하는 패스트푸드의 미래상을 담아냈다.

떡볶이에 디자인과 프리미엄을 입힌 즉석 떡볶이 전문점 빌라드스파이시의 떡볶이 1인분 가격은 1만5000원 선으로 가장 저렴한 머쉬룸 크림 떡볶이가 1만2000원, 가장 비싼 고르곤졸라 치즈떡볶이는 1

만5000원에 달한다. 기본 떡볶이에 토핑을 추가하면 최대 3만원까지 가격이 올라간다.

빌라드스파이시는 '한국 여성들에게 가장 사랑받는 떡볶이를 근사한 파티 드레스를 입고서도 먹을 수 있는 공간' 을 콘셉트로 기획된 브랜드다. 오전 시간대에는 30~40대 여성, 저녁 시간대에는 여성 및 연인 고객을 타깃으로 인테리어와 식기에도 여성들의 취향과 감성을 담아냈다. 조명과 냄비, 인덕션 화구, 식기 등 프리미엄 요소를 곳곳에 활용해 '비싸다' 는 생각보다는 특별한 체험에 대한 만족감을 느낄 수 있도록 했다. 그 결과 프리미엄 떡볶이 다이닝으로 포지셔닝하여 현재 서울 신사동 가로수길 1호점 외에 파미에스테이션과 타임스퀘어, 신세계백화점 등 서울의 트렌디한 상권에만 6개 매장을 운영 중이다.

패스트푸드업계는 간편히 먹더라도 제대로 된 것을 먹자는 패스트 프미리엄에 대한 소비자 니즈가 확대되며 수제·프리미엄 버거의 인기가 지속됐다. 또 키오스크를 설치하거나 배달을 확대하는 등 노동정책 변화에도 탄력적으로 대응하고 있다.

패스트푸드 시장은 이런 저런 이슈로 시끄러웠지만 트렌드에 민감한 만큼 시장의 변화에 발 빠르게 대응하는 모습을 보였다.

2. 패스트푸드 업체 시장 동향 및 매출현황

1) 패스트푸드 업체 시장 동향 및 매출실적

외식프랜차이즈 시장이 갑질 이슈로 들끓는 동안 패스트푸드계는 식재료 및 식품안전 문제로 시끄러웠다.

지난 2017년 7월부터는 햄버거병 이슈로 패스트푸드업계 전체가 극단적인 매출 하락을 겪었고, 육계를 취급하는 패스트푸드업체에서는 상반기 내내 조류인플루엔자로 인한 닭고기 가격 상승을 비롯해 브라질산 닭고기 파동으로 인한 매출 감소, 소비 심리 위축까지 더해져 다중고에 시달렸다.

2) 패스트 프리미엄 추세 반영한 프리미엄 제품이 강세

전 세계적으로 식품의 건강과 웰빙이 메가트렌드로 작용하고 있다. 프리미엄의 가치에 가성비를 접목한 패스트 프리미엄을 추구하는 소비자들의 성향이 패스트푸드 업체의 메뉴에도 영향을 끼쳐 브랜드마다 질 높은 원재료를 활용해 패티와 번을 차별화한 프리미엄 제품 출시에 열을 올렸다.

프리미엄 버거 열풍의 시발점은 SPC의 쉐이크쉑버거다. 지난 2016년 국내에 들어온 쉐이크쉑은 강남점, 청담점이 전 세계 120개 매장 가운데 각각 매출 1, 3위를 차지하며 국내 버거시장에 안착했다.

3) 노동정책 변화에 키오스크로 대응

최저 임금 상승 및 근로시간 단축 등은 외식 시장을 빠르게 변화시키고 있다. 패스트푸드업계에서는 노동력을 효율적으로 운영해 생산성을 높이고 인건비를 절감하기 위한 방안으로 키오스크 설치 확대가 빠르게 진행되고 있다.

롯데리아는 현재 전체 매장의 40%가 키오스크를 통해 주문 업무를 처리하고 있으며 이를 더욱 확대해 나갈 예정이다.

또한 맥도날드는 지난 2016년 상암DMC 매장에 디지털 키오스크로 주문을 하고 직원이 직접 서빙해주는 신개념 미래형 매장을 도입했으며, 앞으로 미래형 매장으로의 전환에도 박차를 가하고 있다.

3. 버거 우수브랜드의 프랜차이즈 성공전략

1) 수제버거 열풍의 장본인 〈쉐이크쉑〉

미국 유명 3대 버거 중 하나인 쉐이크쉑을 운영하는 유니언스퀘어 호스피탈리티 그룹이 국내 기업 SPC와 손을 잡고 서울 강남에 〈쉐이크쉑〉을 선보였다. 하루 평균 3000개가 넘는 버거가 판매되고 있으며, 폭염에도 불구하고 연일 긴 줄이 끊이질 않는 등 국민적인 관심을 받고 있다고 해도 과언이 아니다.

〈쉐이크쉑〉은 파인 캐주얼 레스토랑을 표방, 파인다이닝의 뛰어난 맛과 품질을 구현하면서 일반 패스트푸드점의 다이내믹한 분위기를 창출한다. 매장안에 들어서면 직원들이 고객을 마치 가족처럼 반기는 따뜻한 환대와 서비스를 제공해 고객 만족도를 극대화했다.

최근에는 기록적인 한여름 무더위가 계속될 때에도, 뙤약볕 아래 줄 서 있는 고객을 위해 양산을 대여해 주거나 간호사를 배치하기도 했으며 매장 밖에 대형 선풍기를 설치하는 등 서비스도 호평 받았다.

특히 〈쉐이크쉑〉은 항생제와 호르몬제를 사용하지 않은 앵거스 비프와 치즈 등의 좋은 재료를 활용한 최고급 식재료를 최우선시하는 원칙을 지키고 있다. 또 본사의 검증된 품질 관리 시스템을 통해 식재료를 공급, 미국 현지와 같은 맛과 품질을 구현하고 있다.

수제버거의 맛을 좌우하는 패티는 고기를 수입해 본사에서 지정한 기계와 매뉴얼을 바탕으로 만든다. 대표메뉴는 쉑버거와 셰이크로 쉑버거는 신선한 양상추와 토마토, 쉑소스가 토핑된 치즈버거다.

셰이크는 매일 매장에서 신선하게 만드는 커스터드를 베이스로 한 음료로 부드럽고 진한 맛이 특징이다. 〈쉐이크쉑〉은 지점별로 다른 콘크리트 메뉴와 일부 주류 제품을 특화해 운영한다.

쉐이크쉑 강남점은 국내 고유의 식재료와 특성을 반영한 콘크리트 메뉴 4종을 구성한다. 딸기잼·마시멜로·소이빈 파우더를 넣은 '강남' 과 커피빈·검은깨를 넣은 캐러멜 소스가 특징인 '쉑 스타일' 등이 있다.

또 국내 수제맥주 양조업체인 맥파이 브루잉 컴퍼니와 더 핸드 앤 몰트에서 공급하는 맥주를 판매해 다양한 음료와 메뉴를 즐길 수 있게 도왔다.

SPC SS사업팀의 부장은 "쉐이크쉑에 방문하는 고객은 단순히 햄버거를 먹기 위해 오는 고객보다 쉐이크쉑만의 문화를 경험하고자 찾는다" 고 말한다.

2) 직접 개발한 토마토 품종 사용 〈모스버거〉

〈모스버거〉는 1972년 일본 도쿄에서 론칭하여 45년 넘게 일본에서 사랑받고 있는 햄버거 브랜드다. 현재 전 세계 9개국에 1700여개의 매장이 있으며 국내에는 지난 2012년 잠실롯데점을 오픈한 이후 13개의 매장을 운영하고 있다. 진출 당시 국내 버거 시장은 프리미엄버거 시장과 프랜차이즈 햄버거 시장으로 양분되어 있었다. 모스버거는 그 중간 시장을 타깃으로 '패스트푸드 But 프레시 버거'를 표방하며 시장에 진입했다.

〈모스버거〉는 따뜻한 버거를 고객에게 제공하는 애프터 오더 서비스를 적용하고 있으며 번 90℃, 미트소스 85℃, 채소 4℃의 온도를 유지하고 있다. 무엇보다 국내산 채소를 원물 그대로 구입해 재료로 사용한다. 양배추는 사람의 손으로 일일이 씻고 다듬어 사용하고 토마토는 강원도 농가와 계약 재배를 체결해 품종을 개발한 도태랑을 사용, 알이 굵고 당도가 높은 것이 특징이다. 일반 버거보다 채소 함유량이 높아 칼로리가 낮다.

국내 시장에 진출한 이래로 〈모스버거〉는 시장 트렌드에 맞는 전략으로 시장을 공략하고 있다. 가성비 트렌드에 따라 전 메뉴의 가격을 200원씩 할인했다. 또 3000~4000원대의 저가버거를 출시해 고객들의 호응을 얻으면서 매출이 증가했으며, 패티 중량을 33% 정도 늘려 품질을 업그레이드해 고객만족도를 높였다.

3) 미국 정통 버거 추구 〈자니로켓〉

1986년 미국 로스앤젤레스에 오픈한 〈자니로켓〉은 복고풍 콘셉트의 햄버거 레스토랑이다. '미국 정통 오리지널 햄버거(The Original Hamburger)' 라는 슬로건 아래 현재 미국과 유럽, 남미 등 20여개 국가에 300여개의 매장이 있다.

2011년 〈자니로켓〉은 ㈜신세계푸드와 한국 론칭 계약을 체결하고 서울 반포동 신세계백화점 강남점에 첫 번째 매장을 오픈, 현재 일산과 파주, 춘천 등 15개 매장을 운영 중이다. 이곳은 메뉴와 맛, 서비스 등 매장 운영에 필요한 핵심 요소들을 매뉴얼화해 표준화를 구현하는데 주력하고 있다. 메뉴는 오리지널 햄버거와 아메리칸 프라이즈, 샌드위치, 수제 셰이크 등 50여종이다. 햄버거는 주문이 들어오면 조리를 시작하는 애프터 오더 서비스로 운영하고 있으며 메뉴 레시피와 매뉴얼에 따라 조리한다. 패티는 100% 호주산 소고기 청정육만 사용, 150g의 패티를 완성해 풍부한 육즙과 신선한 풍미를 자랑한다. 〈자니로켓〉은 신선하고(Fresh), 즐겁고(Fun), 친근한

(Friendly) 서비스를 바탕으로 자니로켓만의 차별화된 아이덴티티를 제공하고 있다.

4) 효율적인 매장과 프리미엄버거 〈브루클린더버거조인트〉

서울 서래마을 주택가에 위치한 46㎡(14평) 규모의 미국식 햄버거 전문점 〈브루클린더버거조인트(이하 브루클린)〉에 가면 매장 앞에 삼삼오오 모여 있는 사람들을 쉽게 찾아볼 수 있다. 프랜차이즈 햄버거의 정크푸드 논란이 있었던 2010년 오픈한 〈브루클린〉은 건강한 식재료에 대한 니즈를 가진 고객에게 품질도 높고 맛도 좋은 햄버거로 소문났다. 현재 신사동과 삼성동 등 5개의 직영 매장을 운영 중이다.

〈브루클린〉은 프리미엄버거를 매장에서 효율적으로 만들 수 있도록 구현한 브랜드다. 이곳 대표가 외국의 다양한 프리미엄버거 브랜드를 답사, 참고하면서 매장 오퍼레이션에 최적화한 햄버거전문점을 기획하고 브루클린을 론칭했다.

빵을 제외한 재료는 모두 매장에서 만든다. 햄버거에서 가장 중요한 패티는 하루에 세 번 매장에서 직접 만드는데 20kg의 소고기를 통째로 구입해 목등심과 양지, 갈빗살을 일정 비율로 배합해 패티로 만들어 사용한다. 비프 칠리·비프스톡베이스 소스도 직접 개발했다. 빵은 〈브루클린〉만의 배합비율로 주문자상표제품제작(OEM)을 맡긴다. 브랜드 운영 초기에는 매장에서 빵을 만들어 판매도 해봤으나 매장 오퍼레이션도 중요하게 생각하기 때문에 적합한 방법이 아니어서 배제했다. 〈브루클린〉은 '수제' 라는 표현보다는 '특별한, 차별성 있는' 이라는 표현을 더 선호한다.

대표메뉴는 브루클린 웍스다. 햄버거에 모든 재료를 다 넣고 싶으면 "I want my burger with the works (재료를 몽땅 넣어주세요)" 라고 하는 미국식 표현에서 따왔다. 육즙이 풍부한 소고기 패티와 양파, 치즈 등 재료가 어우러지면서 풍미를 더한다. 주문을 받은 후 고객이 원하는 익힘 정도에 따라 패티를 구워 15분 안에 햄버거를 제공한다.

5) 100% 수제로 만든 버거 〈아이엠어버거〉

2010년 오픈한 〈아이엠어버거(I am A Burger)〉는 26㎡(8평) 남짓한 공간에서 '100% truth' 라는 슬로건 아래 메뉴를 구현한 수제버거 전문점이다.

이곳 대표는 정직한 마음으로 최고의 수제버거를 선보이겠다는 마음으로 7년 동안 매장을 운영하면서 빵과 패티를 직접 연구·개발하였다. 그 덕분에 〈아이엠어버거〉는 재료 하나하나 맛있지만 버거를 한 입 베어 물었을 때 조화로운 맛이 특징이다.

〈아이엠어버거〉는 버거에 사용하는 빵과 패티 등 모든 재료를 매일 아침 매장에서 직접 만든다. 빵은 유기농 밀가루로 반죽해 저온 숙성한 후 다음날 굽는다. 참깨를 뿌린 오리지널번과 오트밀번, 오징어먹물을 넣은 블랙번 세 종류의 빵을 준비한다. 버거의 맛을 좌우하는 패티는 김치냉장고에서 5~7일 숙성한 100% 순수 소고기만을 사용해 가장 맛있는 두께로 구워 완성한다.

무엇보다 아이엠어버거의 가장 큰 특징은 주문할 때 D.I.Y 형식으로 주문, 취향에 맞게 빵을 선택하고 고기의 크기와 굽기 등을 선택할 수 있다는 점이다.

대표메뉴는 아이엠어버거와 어니언쉬림프버거다. 아이엠어버거는 아침에 구운 번과 소고기 패티, 치즈 등 버거에 사용하는 기본 재료를 바탕으로 정통 햄버거를 구현하기 위해 노력한 메뉴다. 어니언쉬림프 버거는 불맛과 새우의 맛이 어우러지는 버거로 새우를 갈지 않고 통째로 넣어 씹히는 맛이 일품이다.

브랜드에서 모든 재료를 직접 만들지 않고 수제버거라고 말하는 것은 바람직하지 않다. 수제버거 시장에 진입하려는 개인 창업자에게 가장 필요한 요소는 정직하게 음식을 만드는 책임감이다.

〈아이엠어버거〉는 최근 서울 한남동에 2호점을 오픈했으며 올해 안에 신세계백화점 하남점과 광화문 로드숍도 오픈, 매장을 확대할 예정이다.

6) 톡톡 튀는 바게트 버거 〈바게트팝〉

베트남식 샌드위치 반미(Banh mi)나 전주 한옥마을 길거리 간식인 바게트 버거로 이미 바게트의 새로운 변신을 접했다면, 이제는 〈바게트팝〉의 다채로움을 맛볼 때다.

이곳은 바게트안에 철판 볶음 요리를 넣은 신개념 먹거리 프랜차이즈다. 저렴하면서도 푸짐하게 즐길 수 있는 외식아이템인 바게트 버거가 트렌드에 민감한 젊은층을 중심으로 새로운 돌풍을 예고하고 있다.

2015년 6월 브랜드를 론칭한 〈바게트팝〉의 대표메뉴는 바게트버거-햄스크램블(3800원), 치즈포테이토(3800원), 인디안치킨커리(4200원), 매콤해물(4500원), 크림파스타(4500원) 등이다.

편안하고 부담 없는 캐주얼한 분위기를 인테리어 콘셉트로 잡았다.

이곳의 경쟁력으로는, 3000원~4000원대의 부담 없는 가격과 철판을 이용한 바게트 버거와 음료 용기의 차별화 했다는 점을 꼽을 수 있다.

즉석에서 볶은 철판 요리와 바게트의 조화와 UFO모양으로 만든 특수 용기 속 달콤한 팝콘, 그리고 음료는 맛에 재미를 더한 일석이조의 디저트도 제공한다.

(1) 바게트, 고객을 사로잡는 새로운 요리

밥값보다 비싼 커피전문점과 각종 유명 디저트숍들이 치열한 경쟁을 벌이고 있는 가운데, '바게트 버거' 라는 색다른 콘셉트를 내세운 〈바게트팝〉이 이목을 집중시키고 있다.

2015년 6월 서울 성북구 성신여대에 1호점을 론칭한 바게트팝은 커피와 바게트라는 조합이 낯설지 않은 젊은층을 중심으로 뜨거운 반응을 얻고 있다. 이 여세를 몰아 지난 2015년 8월, 한양대 앞에 추가 매장을 오픈하며 본격적인 가맹사업에 뛰어들었다.

속을 가득 채운 바게트 버거의 푸짐함은 고객에게 가격대비 높은 만족도를 제공한다. 이곳의 주 고객들은 바게트 버거를 단순한 간식이 아닌 충분한 한 끼 식사로 찾고 있으며 특히 여름·가을철에는 야외에서 간편하게 먹을 수 있어 테이크아웃 판매율이 높다.

(2) 철판에 볶은 재료로 식감 업그레이드

바게트 버거는 겉의 바삭한 질감과 안의 따뜻하고 쫄깃한 식감이 일품이다. 고객이 바게트 버거를 주문하면 그 즉시 바게트를 반으로 잘라 오븐에 굽고, 속에 들어갈 내용물 역시 철판 위에서 즉석으로 조리한다. 대표메뉴로는 매콤해물과 크림파스타, 치즈 포테이토와 햄 스크램블, 인디안 치킨 커리 등이 있다. 신선한 새우와 주꾸미, 그리고 채소를 함께 철판 위에 볶은 매콤해물은 혀끝을 자극하는 은근한 매운맛이 중독성이 있다.

여대생들에게 특히 인기가 많은 크림파스타는 진한 크림소스의 빠네를 마치 한 손으로 들고 먹는 것 같은 느낌을 준다.

(3) 저렴한 가격 못지않은 저렴한 출점 비용

가맹사업으로서 〈바게트팝〉의 차별화된 경쟁력은 테이크아웃 비중이 높고 조리가 간편해서 점포 규모에 비해 높은 매출을 기대할 수 있다는 점이다. 머무는 시간이 길고 인테리어 등의 분위기가 중요한 카페의 창업비용은 나날이 증가하는 반면, 출점 비용이 상대적으로 저렴한 편이다.

상권 분석시에도 대학교 상권 내 가장 번화한 곳이 아닌 학생들이 자주 방문할 수 있는 동선, 예를 들어 학교 정문과 가까운 곳 등을 더 선호하는 식이다. 메뉴군이 간결하고 조리 역시 간편해 아르바이트 직원 2명 정도면 매장 운영이 가능한 것도 강점이다. 직원 관리 및 인건비 부담 등을 덜 수 있어 효율성 있는 매장 운영이 가능하다.

〈표11〉 개설비용

내역	비용 (단위:만원)
가맹비	500
교육비	200
계약이행 보증금	200(계약종료 시 반환)
인테리어	1800
간판	500
기기 및 설비	1800
집기 및 의자, 탁자	400
총계	**5400**

주: 33㎡(10평) 기준, 부가세 별도(소방설비, 초도물량 등은 별도사항).

V

핫도그

1. FC 창업시장의 핫도그 열풍

프랜차이즈 창업시장에 핫도그 열풍이 불고 있다. 지난 2016년 명랑시대쌀핫도그(이하 명랑핫도그)를 필두로 부산에서 시작된 핫도그 열풍이 전국으로 퍼지며 미투 브랜드들도 앞다퉈 가맹사업에 나서는 모습이다. 업계에서는 대왕 카스테라에 이어 핫도그가 프랜차이즈 창업시장을 주도할 것으로 내다보고 있다.

1) 복고풍 감성과 가성비로 풀어낸 길거리 음식

핫도그 아이템의 가장 큰 장점은 '전혀 새롭지 않다'는 데 있다. 과거 길거리에서 가장 쉽게 접했던 군것질거리 중 하나가 핫도그였다. 친근한 이미지와 부담 없는 가격, 남녀노소 누구에게나 쉽게 다가갈 수 있는 대중적인 맛을 앞세워 10대부터 40~50대까지 자연스럽게 지갑을 열 수 있는 메뉴다. 이러한 메뉴에 가성비를 덧입힌 전략은 곧바로 대박으로 이어졌다. 분홍 소시지에 밀가루 반죽을 덕지덕지 입고 있었던 뚱뚱한 핫도그가 고급 소시지에 얄팍한 반죽을 씌운 얄상한 핫도그로 변신하면서 값싼 길거리 음식에서 가성비 높은 간식으로 탈바꿈했다.

'창업시장에서 새로운 아이템이란 없다. 콘셉트와 재구성이 중요하다' 는 정설은 역시나 통했다.

2) 자본 · 소규모 · 가성비 모두 갖춘 불황기 맞춤형 아이템

계속되는 불황으로 프랜차이즈 시장의 창업비용은 매년 낮아지고 있다. 소자본 창업비용의 기준도 5~6년 전 1억 원에서 3~4년 전 5000만~6000만 원, 2~3년 전부터는 3000만 원대 이하로 떨어졌다. 여기에 가성비라는 선택기준이 더해지면서 프랜차이즈 시장의 퀄리티는 성장했다. 핫도그 열풍의 주역인 〈명랑핫도그〉는 이러한 점에서 소자본 · 소규모 · 가성비를 모두 갖춘 불황기에 최적화된 아이템이다. 점포 임대료를 제외하고 3000만 원을 투자하면 23.1㎡(7평) 매장을 소유할 수 있다. 1000원짜리 핫도그를 팔아 일 100만 원 이상의 매출을 가져갈 수 있으니 점주와 고객 입장에서도 윈윈이다. 오퍼레이션 경쟁력도 뛰어나다. 본사에서 공급하는 핫도그 믹스를 반죽해 발효시키는 동안 튀김기름을 예열하고 막대기에 소시지를 끼워 놓으면 세팅 완료. 주문이 들어오면 소시지에 반죽을 입혀 튀겨내기만 하면 된다. 주문 후 제공까지 소요되는 시간은 길어야 3분이다. 식재료도 핫도그 믹스와 소시지, 식용유, 소스로 단순해 좁은 공간에서도 얼마든지 운영이 가능하다. 즉 메뉴와 운영방법이 단순하다는 것은 그만큼 모방이 쉽다는 의미이다.

3) 여름철 비수기 극복이 관건

핫도그 시장의 롱런 여부는 여름철 비수기 극복에 달려 있다. 기름에 튀긴 메뉴인만큼 여름철 매출 하락을 극복하지 못한다면 내년을 보장하기 힘들 것이다. 대부분의 업체들은 음료 등 사이드메뉴를 통해 매출 하락분을 상쇄하고 있다. 생과일주스 브랜드 〈쥬씨〉와 〈킹콩쥬스〉는 역발상으로 핫도그전문점을 론칭하고 숍인숍 또는 복합매장 등 상호보완 가능한 콘셉트로 핫도그를 선택하는 이유도 바로 비수기 극복을 위한 나름의 경영노하우이다.

2. 핫도그 우수브랜드 성공전략

1) 가맹 개시 5개월 만에 500호점 계약 〈명랑핫도그〉

2016년 7월 부산대 1호점을 시작으로 핫도그 시장에 뛰어든 명랑핫도그는 론칭 2개월도 안 돼 부산지역을 장악한 데 이어 같은 해 9월 가맹사업에 뛰어들며 본격적으로 사세를 확장해갔다.

가맹사업을 시작한 지 2개월 만에 가맹계약 기준 300호점을 돌파했으며, 2017년 2월말 450호점(홈페이지 기준)까지 가맹계약을 체결하며 핫도그 프랜차이즈 시장에서 단연 독보적인 성장세를 이어가고 있다. 〈명랑핫도그〉의 이 같은 성장비결은 '소자본 · 소규모 · 가성비' 라는 불황기 창업시장의 키워드를 잘 읽어낸 결과이다.

프랜차이즈 아이템의 주기가 점차 짧아지면서 '쉽게 치고 빠질 수 있는' 브랜드가 점차 주목받는 성향이 뚜렷해지고 있는 것이다.

(1) 1000원짜리 핫도그 팔아 월 매출 2500만 원

〈명랑핫도그〉의 월 물류매출은 22억 원에 육박한다. 실제 운영 중인 점포수를 250개로 가정했을 때 점포당 월 880만 원 어치의 물류를 사용했다는 의미다. 이 수치를 역으로 계산하면 원가율 35% 기준 점포당 월 평균 매출은 2514만 원이라는 계산이 나온다.

일 매출 100만~200만 원을 올린다는 소문은 결코 과장이 아니다. 불황일수록 창업자는 더욱 똑똑해진다.

핫도그 가게 하나를 창업해도 수많은 브랜드의 핫도그를 먹어보고, 가맹본사를 찾아가 상담을 받는다. 제아무리 낮은 창업비용과 높은 수익률을 내세워도 눈앞의 매출로 나타나지 않는다면 선택의 가치가 없다.

(2) FC 컨설팅 업체 달려들며 가맹 개설 봇물

〈명랑핫도그〉 본사는 가맹개설 시 콧대가 높기로 유명하다. 실제 전화 통화조차 힘들 정도로 가맹개설 문의가 빗발침에도 불구하고 부산 본사를 제외하고는 지사조차 개설하지 않고 있다.

가맹 희망자는 많은 반면 본사의 상권개발 여력이 부족하다보니 가맹점 유치에 적극 나선 것은 프랜차이즈 컨설팅 업체다. 물건을 구해주는 대신 가맹점 계약이 완료되는 대가로 본사로부터 수수료를 취하는 구조로, 시장에서 뜨는 브랜드일수록 컨설팅 업체 간의 개설 경쟁도 치열해진다.

실제 홈페이지에는 '점포 보시고 지번, 임차조건, 평수, 현재 상호명, 사진 문자주시면 입점가능 여부 본사 컨펌 해 드린다' 는 문구가 적혀 있다.

통상 컨설팅 업체를 통할 경우 권리금이 부풀려지는 등 창업자 입장에서 손해를 보는 것이 사실이지만 창업자와 컨설팅 업체, 본사 모두가 취할 것은 취하면서 가맹점 수를 늘려간다는 점에서 이러한 시스템이 꼭 나쁘다고만은 할 수 없다.

(3) 말로만 청년협동조합? "미투 브랜드의 명랑 흠집내기"

한편 업계 일각에서 〈명랑핫도그〉의 폭풍성장을 두고 "말로만 협동조합을 표방할 뿐 실제로는 마케팅 수단에 불과하다"는 비난도 있다. 이에 〈명랑핫도그〉 관계자는 "미투 브랜드의 명랑핫도그 흠집내기에 지나지 않는다"며 "도매 및 소매업종으로 등록되어 있는 엄연한 협동조합"이라고 일축한다.

'점포수가 늘어날수록 가맹비용이 낮아진다고 허위과장광고를 일삼고 있다'는 일부 지적에 대해서도 "근거 없는 사실"이라며 "본사에서는 그러한 내용의 홍보를 한 적도 없을뿐더러 홈페이지에 제시되어 있는 창업비용을 준수하고 있다"고 밝혔다. 협동조합 기본정보에 의하면 〈명랑핫도그〉는 '명랑시대외식청년창업협동조합'으로 등록되어 있으며 수리(인가)일은 2016년 9월 5일이다. 조합의 유형은 다중이해관계자로 식품의 제조 및 유통사업을 품목으로 하고 있다.

2) 론칭 2년 만에 가맹사업 본격화 〈프랭크서울〉

(주)프랭크서울은 식품 대기업의 마케팅을 담당했던 이곳 대표가 1년여의 준비 끝에 탄생시킨 브랜드로 2015년 론칭 이후 입소문만으로 35개까지 점포수를 늘렸다.

(1) 1년간 1억 원을 들여 개발한 핫도그 레시피

〈프랭크서울〉의 대표는 1년 동안 전국의 유명하다는 핫도그집을 찾아다니며 먹어보고 분석해 자신만의 레시피를 완성했다. 연구개발에 투자한 비용만 1억 원에 이를 정도다. 꿀, 버터, 옥수수, 견과류, 버섯 등 23가지 천연 재료를 사용한 핫도그 믹스와 돈육 함량 90% 이상의 소시지, 유기농 설탕 등을 사용한 건강한 핫도그를 표방한다. 서울핫도그(1300원)를 시작으로 야채치즈핫도그(1800원), 메이플치즈핫도그(1900원), 감자핫도그(2000원), 미니핫도그(800원) 등 단품 외에 미니핫도그 10개들이 버켓(1만900~1만2900원) 제품으로 선택의 폭을 넓혔다. 건강한 이미지와 다양한 구색으로 젊은 주부들에게 인기가 좋으며, 초등학교나 학원의 단체주문 비율도 높다. 원가율은 40% 정도다.

(2) C급에서 A급지까지 커버 가능한 '튀김 디저트 카페'

현재 프랭크서울의 80% 이상은 19.8㎡(6평) 내외, 월세 100만 원 내외의 B~C급 상권에 입점한 테이크아웃 콘셉트다. 1호점인 방이점의 경우 월세 100만 원짜리 동네 상권에서 시작해 현재까지 일평균 30만~40만 원의 매출을 유지하고 있다.

2017년부터는 기존 테이크아웃 콘셉트에 카페형 콘셉트를 추가해

2가지 형태로 매장을 전개하고, 카페형 매장이라 해도 최대 33㎡(10평)을 넘지 않는 규모로 임대료와 창업비용을 최소화한다는 방침이다. 이곳 대표는 "핫도그를 중심으로 다양한 튀김 디저트를 선보이는 튀김 디저트 카페가 콘셉트" 라며 기존 프랭크 포테이토 외에 프라이드 떡볶이 등 신메뉴 개발도 완료한 상태로 경쟁력을 높여가고 있다.

〈프랭크서울〉은 2015년 10월 이대점을 오픈하였고 2017년 1월 가맹사업을 개시하였으며 2017년 2월에 기준 매장 수 35개를 돌파했다. 가맹비용은 19.8㎡(6평) 기준 2900만 원 내외이며, 로열티는 월 15만 원(보증금 제외, VAT 별도)이다.

이곳 대표는 처음부터 가맹사업을 생각하고 브랜드를 만든 것은 아니었다. 핫도그 창업 열풍이 불면서 '정직하고 좋은 제품을 더욱 많은 이들에게 선보이고 싶다' 는 생각으로 가맹사업을 결심하게 되었고 주부고객의 높은 지지가 큰 힘이 됐다.

그는 튀김메뉴를 주력으로 하는 만큼 사이드메뉴 역시 튀김류로 가는 것이 좋다고 생각했다. 여기서 말하는 튀김이란 분식집 튀김이 아닌 디저트 카페에 특화된 튀김을 의미한다.

추가 기기와 기물 없이도 다양한 맛과 콘셉트로 승부할 수 있는 메뉴개발에 중점을 두고 있다.

3) 쥬씨의 성공 신화 이어가는 〈88핫도그〉

〈88핫도그〉는 〈쥬씨〉가 새롭게 선보인 제2브랜드다. 초기 기존 매장에 숍인숍 형태로만 입점하다, 단독 매장으로 영역을 넓히며 신규 가맹점 개설에도 박차를 가하고 있다. 820여 개 〈쥬씨〉 가맹점 운영을 통해 확보한 바잉 파워를 최대 경쟁력으로 핫도그 가격을 800원까지 끌어내렸다.

(1) 흑미 반죽으로 만든 건강한 핫도그

핫도그 반죽에 흑미를 넣어 건강 이미지를 부각시킨 것이 차별화 포인트다. 88이라는 숫자와 핫도그를 모티브로 한 BI, 흑미를 형상화한 로고, '흑미롭다' 는 카피 등 매장 곳곳에 브랜드 콘셉트와 메뉴 특징을 재미있게 녹여 냈다.

대표메뉴이자 기본메뉴인 88독이 800원, 여기에 베이컨과 땅콩, 감자튀김, 생라면 등을 입힌 베이컨독과 땅콩독, 감자독, 라면독이 각각 1500원으로 타 브랜드에 비해 저렴한 가격대가 가장 큰 경쟁력이다.

단가가 낮은 만큼 메뉴 수를 최소화, 유통기한이 짧고 단가가 높은 냉장 재료보다는 땅콩과 감자튀김 등 대량 발주와 상온 보관이

용이한 부재료를 다양화해 운영 효율성을 높였다. 평균 원가율은 40% 선으로 88독은 이보다 약간 높다.

(2) 강남역 안테나숍으로 인지도 확보 성공

〈88핫도그〉는 강남직영점의 성공적인 운영에 힘입어 가맹점 모집에도 자신감을 보이고 있다.

강남역 11번 출구 메가박스와 무인양품 사이 골목 1층에 자리한 강남본점은 평일에도 5분 이상 기다려야 할 정도로 대기행렬이 이어지는 상태. 대로변에서 벗어난 상권이지만 먹자골목으로 이어지는 위치 특성상 유동인구가 끊이지 않는 알짜 점포다.

점포 관계자는 "인근 사무실과 학원가의 직장인, 강남역을 찾는 대학생 등이 주요 고객" 이라며 "임대료는 높지만 안테나숍으로서의 역할을 충실히 해내고 있다" 고 전한다. 젊은층이 많이 찾는 상권 특성상 SNS 홍보 효과도 쏠쏠하다.

톡톡 튀는 브랜드 콘셉트와 저렴한 가격 경쟁력을 앞세워 본격적인 가맹사업을 진행하고 있다. 또한 핫도그가 창업 아이템으로 인기를 얻으면서 단독 매장으로도 운영하고 싶다는 점주들의 요청이 많았다. 이에 숍인숍과 함께 단독 매장 형태로도 개설이 가능하도록 했다.

무엇보다 〈쥬씨〉 점주들이 많은 관심을 보이고 있다. 〈88핫도그〉는 2016년 11월 강남점을 오픈하였으며 2017년 1월 가맹사업 개시하였다. 2017년 2월 기준 매장 수 10개를 돌파했다.

가맹비용은 16.5㎡(5평) 기준 2100만 원이며, 로열티는 월 10만 원(보증금 제외, VAT 별도)이다.

4) 차별화된 메뉴로 경쟁력 확보 〈청춘핫도그〉

생과일주스전문점 킹콩쥬스를 운영 중인 킹콩쥬스 본사에서 새롭게 론칭한 브랜드다. 킹콩쥬스 130개 가맹점 운영 경험과 물류 노하우를 기반으로 한 안정적인 수익을 경쟁력으로 내세운다.

(1) 35가지 재료로 만든 찹쌀 핫도그 믹스

찹쌀 등 35가지 재료로 만들어 겉은 바삭하고 속은 쫄깃한 핫도그 반죽이 특징이다. 기본 메뉴인 청춘핫도그(1000원) 외에 생라면과 감자튀김을 묻혀 튀겨낸 라면땅핫도그(1500원)와 감성핫도그(1500원)가 인기다.

새롭게 출시한 20cm 길이의 더블치즈핫도그(2500원)는 소시지와 체다치즈, 모차렐라치즈 3가지 재료가 들어간 프리미엄 메뉴. 일반

핫도그 튀김기에 비해 깊게 제작한 특수 튀김기를 사용하기에 가능한 〈청춘핫도그〉만의 경쟁력이다.

추후 새우, 떡갈비, 문어 등 속 재료를 차별화한 프리미엄 메뉴를 추가로 선보임으로써 메뉴 경쟁력을 강화할 방침이다. 프리미엄 제품을 제외한 일반 핫도그의 원가율은 40% 정도다.

(2) 대학가 중심의 소규모 테이크아웃 매장

20대 젊은층을 타깃으로 이대, 홍대, 건대 등 대학가 상권에 집중적으로 입점하고 있다.

최근 남양주와 포항, 부산 등 지방 가맹점 계약을 잇달아 체결하며 서울뿐 아니라 지방 상권도 적극적으로 공략하는 움직임이다.

가격 경쟁력을 앞세워 기존 핫도그 브랜드에서 청춘핫도그로 갈아타려는 점주 또는 분양주의 문의도 적지 않다. 최근 폐점한 강남역 지하상가의 핵도그 자리에 입점한 매장의 경우 일평균 100만 원 이상의 매출을 올리며 선전하고 있다.

한옥집을 모티브로 한 외관과 간판 인테리어는 청춘핫도그만의 차별화 포인트다. 옛 감성과 현대적 감성이 조화된 인테리어로 외관에서부터 경쟁사와의 차별화를 시도한 것이다.

〈청춘핫도그〉에서는 여름철에 점주의 희망에 따라 〈킹콩쥬스〉의 대표메뉴를 병행 판매할 수 있다. 핫도그를 메인으로 커피와 쥬스 등 다양한 음료를 테이크아웃 판매한다면 여름철에도 안정적인 매출 확보가 가능하다. 또한 킹콩쥬스&청춘핫도그 두 개의 간판을 부착하는 조건 하에 숍인숍 개설이 가능하다. 음료 메뉴 추가 시에는 킹콩쥬스 브랜드 사용에 따른 500만 원의 별도비용이 발생한다.

주식회사 청춘감성쌀핫도그의 〈청춘핫도그〉는 2016년 12월 이대점 오픈하였으며 2017년 1월 가맹사업 개시, 2017년 2월 기준 매장 수 10개를 돌파했다.

가맹비용은 23.1㎡(7평) 기준 2750만 원, 로열티 월 20만 원 (보증금 제외, VAT 별도)이며, 전화는 1899-2197 이다.

5) 프리미엄 핫도그로 차별화 〈비엔나핫도그〉

스몰비어 브랜드 용구비어와 생과일주스 브랜드 곰브라더스, 퓨전포차 짠앤짠스 등을 운영 중인 (주)제임스타임의 4번째 브랜드다.

(1) 곡물 믹스와 야채 믹스로 차별화한 프리미엄 핫도그

33가지 곡물을 함유한 곡물 믹스와 시금치, 브로콜리 등 채소를 포함한 야채 믹스로 차별화를 꾀했다.

기본 메뉴인 비엔나핫도그를 포함해 11가지 핫도그를 선보이며 가격대는 1600~2500원으로 타사에 비해 높은 프리미엄 전략을 구사한다. 프리미엄 핫도그를 표방하는 만큼 고급 식재료를 사용한 다양한 메뉴를 최대 경쟁력으로 꼽는다. 모든 핫도그에는 돈육 함량 90% 이상의 고급 소시지를 사용하며 핫도그의 바삭한 식감을 결정짓는 빵가루 역시 단가가 높은 습식 빵가루를 사용한다. 주점 브랜드를 운영했던 경험을 살린 독창적인 메뉴들도 눈에 띈다.

고추 소시지를 넣은 매운 맛의 파파핫도그를 비롯해 어육 소시지를 넣은 핫바핫도그, 체다치즈를 통째로 넣은 체다치즈핫도그 등이 대표적이다. 원가율은 33~37%다.

(2) 핫도그+커피 메뉴로 폭넓은 고객층 수용

핫도그 단일 메뉴가 아닌 커피 등 음료와 결합한 카페형 매장으로 10~20대에서 30~40대까지의 폭넓은 고객층을 끌어들인다는 전략이다. 음료 가격은 1500원대로 핫도그를 포함한 평균 빌 단가는 6000원 선이다. 〈비엔나핫도그〉의 메뉴에는 곰브라더스의 주력 상품인 생과일주스 자체가 없다. 커피류 또한 아메리카노가 1500원으로 곰브라더스와는 가격대가 다르다.

핫도그 하나만으로는 다양한 상권에 입점하는 데 한계가 있다. 복합매장 형태로서 객단가를 높인다면 C급 상권은 물론 A급 상권까지도 노려볼만 하다. 핫도그 조리시간은 길어야 3분 정도로 소시지에 반죽을 묻혀 튀기기만 하면 된다. 소스를 뿌리는 것은 셀프 서비스다. 핫도그를 튀기는 동안 음료를 제조할 수 있어 핫도그와 음료를 동시에 주문해도 오퍼레이션상 문제가 없다.

전 시간대 고른 매출 확보가 가능하다는 점도 장점이다. 간식 메뉴 특성상 출출한 시간대인 3시에서 7시 사이에 매출이 집중된다.

음료 메뉴 도입 시 피크 타임 이외에도 안정적 매출을 유지할 수 있다. 실제 카페형 매장인 별내점의 경우 홀 이용을 목적으로 방문하는 고객 비율도 높은 편이다.

㈜제임스타임의 〈비엔나핫도그〉는 2016년 10월 별내점을 오픈해 2017년 1월 가맹사업을 개시하였으며 2017년 2월 기준 매장 수 16개를 돌파했다. 가맹비용은 33㎡(10평) 기준 5600만 원, 로열티 월 20만 원 (보증금 제외, VAT 별도)이다. 전화는 1899-6865이다.

6) 롱런 FC의 경쟁력은 역시 품질 〈쏭스핫도그〉

(1) 천연발효종으로 만든 건강한 핫도그

"이 핫도그엔 밀가루가 하나도 들어가지 않나봐요?" 〈쏭스핫도그〉 점주들이 고객에게 가장 많이 받는 질문 중 하나다. 겉은 바삭하고 속은 쫄깃한 식감에 튀긴 음식임에도 속이 편안하고 소화가 잘돼 특별한 비법재료를 사용했을 거라는 생각에서다.

비결은 다름 아닌 천연발효에 있다. 〈쏭스핫도그〉 창업주이자 메뉴관리를 전담하는 (주)쏭앤킴푸드의 이사는 차별화된 메뉴 경쟁력으로 천연발효종을 사용한 장기발효기법을 손꼽는다. 인스턴트 이스트 등 인공재료를 일체 사용하지 않는 대신 자체개발한 찹쌀곡물반죽을 장시간에 걸쳐 천천히 발효, 고급 천연발효빵에서나 접할 수 있는 풍미와 식감을 구현해냈다.

이곳 이사가 핫도그에 관심을 갖기 시작한 건 2011년 경이다. 워낙 먹는 것을 좋아하는 데다 요리와 베이킹에도 흥미가 많아 마음속으로는 늘 외식업을 꿈꾸고 있었지만 실현에 옮기기가 쉽지는 않았다. 그러던 중 어느 날 '커피와 핫도그를 접목한 카페는 어떨까' 라는 생각으로 시험 삼아 핫도그를 만들어본 것이 본격적인 메뉴개발로 이어졌고, 2년여에 걸쳐 지금의 핫도그 반죽을 개발했다.

가장 힘든 것은 천연발효종의 품질을 균일화하는 것이었다. 천연발효종이라는 것이 온도와 습도에 워낙 민감하고 대량생산도 불가능해 시행착오의 연속이었지만 몸에 좋은 건강한 먹을거리에 대한 욕심을 포기할 수가 없었다. 2년이란 시간을 투자할 수 있었던 이유가 바로 여기에 있다.

2013년 4월 용인수지 주택가 배후상권에 1호점을 내고 동네 주민을 상대로 영업을 시작했다. 주부들 사이에 건강한 간식으로 알음알음 입소문이 났고, 손주 손에 이끌려 매장을 찾았던 할머니가 이제는 손주와 함께 간식으로 핫도그를 즐길 만큼 남녀노소 가리지 않는 동네 명물 간식으로 자리 잡았다.

(2) "점주님, 일요일은 쉬세요"

제조공정이 까다로운 천연발효 특성상 프랜차이즈를 통해 점포를 확대할 생각은 없었다. 하지만 주위에서 맛 좋고 경쟁력 있는 쑝스핫도그를 가만둘 리가 없었다. 가맹점을 내고 싶다는 요청을 거절하면서 매뉴얼을 구축하기를 2년 여, 2014년 가맹 1호점인 죽전점을 오픈했고, 이후 월평균 2~3개 가맹점을 꾸준히 개설하며 현재 전국 60여 개까지 매장을 확대했다.

〈쑝스핫도그〉 가맹점에서는 본사로부터 공급받은 반죽용 파우더믹스에 천연발효종을 투입해 일 2~3회 반죽을 만든다. 이곳 이사가 가맹점 개설 시 점주에게 가장 강조하는 것도 반죽의 관리다. '아이를 하나 더 키우는 것으로 생각하라' 는 표현을 할 정도로 최선과 정성을 다할 각오가 되어 있는 이들에 한해서만 브랜드 사용을 허락

한다. 매장에서 3년 이상 근무한 직원에게만 슈퍼바이저 자격을 주는 것도 이러한 품질 관리 차원에서다.

품질관리에 까다로운 대신 영업시간과 사이드메뉴 판매에 있어서는 점주에게 최대한 자율권을 부여해 운영 효율성을 높였다. 본사에서 권고하는 영업시간은 오전 11시~오후 8시. 아침 일찍부터 반죽을 준비해야 하는 점을 감안해 점주에게 충분한 휴식시간을 보장하고, 주 1회 휴무를 가능케 함으로써 장기적으로 운영 가능한 생계형 브랜드를 지향한다. 메인메뉴인 핫도그와 중복되지 않는 선에서 사이드메뉴 판매를 점주 재량에 맡기는 점도 지역밀착 브랜드로서 성공을 보장하는 요소다.

33.3㎡(10평) 기준 점주 포함 2인이 운영 시 가맹점 평균 매출은 월 1000만~1200만 원 정도다.

(3) 끊임없는 메뉴개발로 차별화 '강점'

기본 메뉴인 쏭스핫도그 외에 치즈, 게살, 찰떡, 고구마, 청양어묵, 야채어묵핫도그 등 12가지 다양한 메뉴구성 또한 〈쏭스핫도그〉만의 차별화 요소다.

가장 인기 있는 메뉴는 부드러운 소시지로 옛날 핫도그 느낌을 살린 쏭스핫도그와 돈육 함량 90%의 큼지막한 소시지를 넣은 빅쏘핫도그, 고급 스트링 치즈로 만든 치즈핫도그 3가지로 이들 메뉴가 전체 판매율의 50% 정도를 차지한다.

발상의 전환이 돋보이는 메뉴도 눈에 띈다. 소시지 대신 찰떡을 속재료로 사용하고 콩고물을 뿌려 인절미 느낌을 살린 찰떡핫도그, 고구마와 견과류의 조합으로 부드럽고 달콤한 맛에 건강까지 생각한 고구마핫도그, 김말이에 반죽을 입혀 튀긴 뒤 떡볶이 소스를 뿌린 김말핫도그 등이 대표적이다.

속재료를 다양화하는 것에서 벗어나 각각의 재료에 어울리는 소스나 파우더를 접목함으로써 고급 간식으로 포지셔닝하기 위한 전략이다. 치즈핫도그의 경우 고소하고 짭조름한 치즈핫도그에 케첩이 아닌 딸기잼을 접목해 단짠의 매력을 끌어냈다.

〈쏭스핫도그〉는 청정원으로 유명한 대상(주) 솔루션 센터와의 협업을 통해 빅쏘·치쏘(치즈)·맵쏘(매운)핫도그의 '삼쏘' 핫도그를 새롭게 출시했다. 돈육 함량 90% 이상의 양질의 소시지를 사용해 탱글탱글한 씹는 맛이 일품인 삼쏘 시리즈는 출시 직후부터 인기를 얻으며 현재는 프리미엄 메뉴로 자리매김한 상태다.

대상(주)의 쉐프원의 전문 셰프들이 메뉴제안과 맞춤형 제품 개발에서 조리시연, 시식, 교육까지 메뉴개발의 A to Z를 제공하는 쉐프원만의 차별화된 서비스로 삼쏘 시리즈 개발에만 6개월의 시간을 투자할 정도로 공을 들였다. 삼쏘 시리즈용 소시지 3종은 독점계약을 통해 전국의 쏭스핫도그 매장에만 공급, 품질 경쟁력을 보장한다.

〈쏭스핫도그〉의 주요메뉴는 쏭스핫도그 1300원, 빅쏘핫도그 1800원, 치쏘.맵쏘.치즈핫도그 2000원이며, 가맹비용은 39.6㎡(12평)기준 3800만원이다.(표준형 기준, 로열티 없음)

VI

창업절차 및 인허가

1. 창업절차 및 인허가 관련 제도

1) 창업절차

최근 음식점의 경영환경은 대형화, 전문화, 고급화 영향으로 인하여 소규모 음식점의 존립기반을 더욱 어렵게 하고 있다. 이러한 상황에서 창업자들은 철저한 창업계획을 세워 사업을 시작하여야 한다. 그리고 창업하려고 하는 창업예정자는 철저하게 시장을 분석한 후 창업방식을 선택해야 한다.

독립점 창업방식을 택할 것인지, 프랜차이즈 가맹방식을 선택할 것인지를 결정해야 한다.

그리고 사업장의 입지선정과 인원조직 구성 및 인허가 절차단계를 거쳐 합리적이고 빈틈없이 창업을 추진하여야 한다. 창업을 하기 위해서는 여러 가지 요소가 필요하지만, 그 중에서 가장 대표적인 것들을 들면 사업목적, 창업자 사업업종, 물적자원, 인적자원 등이라고 할 수 있다.

창업을 생각할 때 단순히 '자금이 얼마가 있는데 이걸로 어떤 창업을 할까?' 라든가 '요즘은 어떤 업종이 잘되나?' 하는 식의 생각보다는 먼저 이러한 창업 필수 준비요소들에 대한 검토가 이루어진 후에 보다 세부적인 절차에 따라 본인의 창업계획을 구체화 시켜 나가는 것이 바람직하다.

-1단계: 창업결정 및 창업방식 결정

분식 전문점도 경영이라는 마음가짐으로 철저한 마케팅적 접근이 필요하다. 독립점포, 체인점 가맹, 공동브랜드 창업 등 장단점을 비교분석 후 창업방식을 결정하는 것이 좋으나 초보자의 경우 대개 프랜차이즈 가맹방식으로 출발하는 것이 무난하다.

-2단계: 자금조달 계획 수립

자기자금, 금융기관대출, 차입금 등 자금조달계획을 점검해야한다.

-3단계: 입지선정 및 점포결정

전문점의 자금규모에 맞는 최적의 입지 및 점포를 탐색한 후 점포를 결정한다.

-4단계: 메뉴선정 및 가격결정

점포입지에 따른 주력메뉴, 부가메뉴 조사, 주변 경쟁 점포 분석 및 시장조사에 따른 가격결정을 한다.

-5단계: 메뉴조리방법 습득

-6단계: 점포시설공사 및 판매장비를 매입

인테리어 설계 및 시공 및 감리 후 공사계약/착공에 들어간다. 그리고 간판, 전력 등을 확인하며 완공일자를 확인한다.

주방설계 및 견적, 가스공급계약을 체크하며 물품공급계약 및 준공/기계설비 설치를 완료한다.

7단계: 휴게음식업 인허가 신고

위생교육, 허가사항을 체크하고 관할 구청에서 영업신고증을 발급한다. 세무서에서 사업자등록 신청하고 카드단말기를 설치한다.

8단계: 홍보계획 수립

홍보판촉물 기획 및 견적, 오픈이벤트를 준비한다. 직원채용 계획을 세운다.

9단계: 개업

당일 오픈 이벤트 및 전단지 가두 배포와 개업식, 개업 후 판촉 고객관리를 수행한다.

2) 인허가 사항 및 관련법규

음식업의 창업은 일반적인 타업종과는 달리 인허가 사항이 여러 단계로 이루어져 있으므로 체계적인 인허가 내용을 파악하여 창업시 인허가 사항에서 잘못이 없도록 최초단계에서부터 유의하여야 한다.

영업신고증을 발급 받기 위해서는, 다음과 같은 것들이 요구된다.

① 위생교육필증

② 보건증

③ 소방 방화시설 완비증명서(지하 20평 이상인 경우에만 해당)

④ 신원조회의뢰서 작성

⑤ 영업설비개요 및 평면도 작성을 관할구청(위생과)에 영업신고를 작성하여 함께 제출하여야 한다.

또한 영업하려는 장소가 이전에 음식점을 하던 장소일 경우 이전 사업자의 인감증명서 1통, 구 영업신고증이 필요하다.

〈표12〉 인허가 사항의 체크리스트

발급 및 서류작성	발급기관	처리 기간	준비물	비고
영업신고 지역확인	구청민원실		건축물대장 도시계획확인원	점포계약전 확인
보건증	관할구청 보건소	5일	수수료 2900원, 증명사진 2매, 신분증, 점포주소 및 상호	검사내용: 결핵, 간염, 장내 세균검사
위생교육 필증	해당지역 음식업중앙회 지회	당일	수수료 약 19000원	음식업에 관한 교육 수료후 발급
소방방화 시설완비 증명서	관할 소방서	3일	수수료 800원	지하 20평 이상인 경우
신원조회 의뢰서	관할구청			관할구청에 양식 비치
영업설비 개요 및 평면도	관할구청			관할구청에 양식 비치
액화석유 가스사용 신고서				지하 30평 이상인 경우
수질검사 성적서	식품위생사 기관 발행			지하수 사용시
영업신고 (신규)	관할구청 위생과	3일	영업신고서, 건축물 관리대장 등본, 수수료 3500원, 신분증 및 도장, 사진 1매	
영업 지위승계서			양도자, 영업신고증원본, 양도양수서, 위생교육필증(본인)	
사업자 등록	관할 세무서		사업자등록 신청서 2장, 영업신고증 사본 1부, 임대차계약서(임차시), 사업자의 주민등록등본 및 도장	영업 신고증을 받은 후

2. 상권 및 입지분석

1) 상권

창업하고자 하는 지역이 음식점 설립이 가능한 지역인지를 확인하고, 더불어 경쟁업체, 보완업체, 상주인구, 유동인구의 분포와 상권규모, 교통시설을 이용한 접근 용이성, 주변 상권의 변화가능성 등의 장, 단기적인 검토가 이루어져야 한다.

상권이란 특정 마케팅 단위 또는 집단이 용역을 판매, 인도함에 있어 비용과 취급 규모면에서 경제적이며 그 규모가 어떤 경계에 의해 결정되어지는 지역범위이다. 상권을 설정할 때에는 일반적으로 1차 상권, 2차 상권, 3차 상권으로 구분하여 설정한다.

1차 상권: 상점 고객의 60~70%가 거주하는 지역이며, 고객들이 점포에 가장 근접해 있다.

고객수나 고객 1인당 판매금액이 가장 높은 지역, 식료품과 같은 편의품의 경우 범위는 걸어서 500m 이내가 되며, 선매품의 경우에는 버스나 승용차로 15분 내지 30분이 걸리는 지역이다.

2차 상권: 상점고객의 20~25%가 거주하는 지역으로서 1차 상권의 외곽에 위치하며 고객 분산도가 아주 높다. 편의품의 경우 2차 상권은 고객을 그다지 많이 흡인하지 못한다. 선매품의 2차 상권은 버스나 승용차로 30~60분 정도 걸리는 지역이 포함된다.

3차 상권: 1,2차 상권에 포함되는 고객 이외에 나머지 고객들이 거주하는 지역으로 고객들의 거주 지역은 매우 분산되어 있다. 편의품의 고객들은 거의 존재하지 않으며 선매품이나 전문품을 취급하는 상점의 고객들이 5~10%정도 거주한다. 상권조사는 포괄적인 주위환경 및 시장의 배경, 특성을 조사하는 시장조사와 상권 내 인구의 동태분석, 조사 및 자기점포의 상권세력 강약도를 작성하고 이를 판단, 평가함에 따라 고객개척의 기본방향을 결정하는 상권의 보유범위를 조사하는 것이라고 할 수 있다.

2) 우수한 점포입지의 선정요령

(1) 주변지역의 특성을 파악

염두에 두고 있는 지역의 특성을 파악하는 것은 입지선정을 할 때 가장 먼저 해야할 일이다. 따라서 후보입지에 자신이 하고자하는 업종의 분포도, 영업상태, 기타 다른 업종의 특성을 파악하여 상권의 발전 정도를 유추해 낼 수도 있다. 또한 입지의 특성에 따라 업종의 적합성을 검토할 수 있으며, 향후 개점시에 영업전략도 수립할 수 있는 것이다.

(2) 상권세력의 특성을 파악

점포입지를 선정할 때 확인해야 할 사항 중 배후지역의 세력이라는 것인데, 배후지역 주민의 소득수준, 인구수 및 세대수, 주거형태, 연령별 인구수, 소비형태, 직업분포, 교육정도 등을 파악한다.

(3) 유동인구의 특성 파악

점포 앞 유동인구가 많고 적음에 따라 점포의 우열이 가려지며, 또한 유동인구의 특성에 따라 업종의 적합성이 결정됨으로 유동인구의 조사는 보통 평일과 주말, 시간대별, 연령별, 성별로 조사한다. 점포 후보지의 잠재적 고객뿐만 아니라 어떤 업종을 선택해야 할지, 어떤 계층에 초점을 맞춘 업종이어야 하는지 등을 종합적으로 판단하려면 후보지 앞의 유동인구 현황뿐만 아니라 점포로의 내점률도 파악해야 한다. 신규점포의 내점률 파악은 인근의 유사업종의 현황을 조사하여 결정한다.

(4) 점포이용 편리성의 파악

점포의 고객들이 쉽게 찾을 수 있고 편하게 올 수 있는 곳에 위치해야 하는데, 이것을 '점포의 접근성' 이라고 한다.

점포의 접근성을 구성하는 요인들은 여러 가지가 있다. 근처에 버스정류장이나 지하철역, 건널목이 있는지, 점포의 출입구가 어디에 위치해 있는지, 출입구에 계단이 있는지, 주차시설을 갖추었는지, 교통이 혼잡하지는 않는지 등이 접근성에 영향을 주는 요인이다.

(5) 교통요인을 점검

대중교통밀집지역은 점포사업에 지대한 영향을 끼치는데 이를 역세권이라고 한다. 역세권은 지하철역이나 버스정류장, 시외버스터미널과 같은 대중교통 수단이 상권에 큰 영향을 미치는 지역을 말한다. 역세권은 일반적으로 그 지역의 교통요지이기 때문에 통행 인구수가 많고, 그렇다보니 대부분 성공한다.

역세권 주위에서 점포입지를 고를 때 유의해야 할 점은 무엇보다도 교통수단의 이용계층이 주로 움직이는 방향을 파악해서 고객이 이동하는 동선에 따라 점포를 구해야 한다는 것이다. 그러나 전철역세권 입지를 고를 때 유의해야 할 점은 무엇보다도 교통수단의 이용계층이 주로 움직이는 방향을 파악해서 고객이 이동하는 동선에 따라 점포를 구해야 한다는 것이다.

그러나 전철역세권 입지를 선정할 때에는 어느 출구 쪽이 가장 유동의 흐름이 왕성한지를 확인하여야 하며, 이때에도 반드시 유동인구의 특성을 파악해야 한다.

(6) 경쟁점의 강/약점을 조사

아무리 상권이 뛰어나고 아무리 좋은 입지를 선정했다고 해도 이미 그 상권에 자신이 하려는 업종이 포화상태라면 개점의 의미가 없다. 따라서 경쟁점 조사를 하는 목적은 상권 내에 출점이 가능한지, 불가능한지를 평가하며, 출점이 가능하다면 경쟁점과의 차별화 할 수 있는 방법이 무엇인지를 수립하는데에 있다.

경쟁점을 조사할 때에는 점포의 인지도, 매장크기, 취급하는 상품의 성격, 가격전략, 주 이용고객층, 영업시간, 1일 이용객수 등을 조사한다.

그리고 입지는 한번 자리를 잡으면 다시 바꾸기가 쉽지 않다. 초기에 투입된 자금과 그로 인한 손해를 생각하면 더욱 그렇다. 따라서 점포를 선정할 때에는 현재의 입지적합성도 중요하지만 장기적인 상권의 변동사항도 고려해야 한다.

(7) 자금에 맞는 입지 선정

점포를 찾다보면 마음에 드는 점포는 권리금 등 고정투자비용이 매우 높고, 자신의 자본규모에 맞지 않는 경우가 많다.

이때 입지조건에 욕심을 내어 무리하게 자금계획을 세우거나 주변 지역보다 비싼 권리금을 지불하는 등 부담을 안고 창업을 하게 되면 자금압박에 시달리게 되어 영업에 전력을 쏟기가 어렵다.

창업에 있어서 자금은 창업투자소요금액에 약 1.5배 정도는 확보할 수 있어야 한다. 다시 말하면 갖고 있는 자금의 60~70% 정도만 투자하고 나머지는 운전자금으로 가지고 있어야 최소한의 영업활동을 전개해 나갈 수 있는 것이다. 따라서 매출액과 투자금액과의 상관관계를 고려하여야 하며 단순히 보이는 매출액에 현혹되어 점포 입지를 정해서는 안 되고 점포비용과 수익률과의 관계를 면밀하게 검토한 후 결정해야 한다.

3) 최적의 입지

(1) **유동인구 밀집지역** : 도시 상권 지역, 사무실 밀집지역, 대학가, 오피스가 등의 도로에 인접해 있으며 통행량이 많은 곳

(2) **역세권**: 지하철역, 철도역 등

(3) **대중교통밀집지역**: 버스터미널, 버스정류장 등

(4) **학교, 학원가**: 대학교 부근, 초.중.고교 부근 학원 밀집지역

(5) Shop in Shop: 기존 커피 전문점, 타 음식점 내 위치

(6) **대형아파트 단지**: 주변에 대단위 아파트 및 주택지가 밀집되어있는 주거지역

(7) **평지**: 입지가 평지인 곳, 사거리, 1층 지역

(8) **기타**: 외국인 밀집지역, 행사장 주변 등 전문점은 입지에 의한 매출의 비중이 높음으로 사업자는 유동인구의 분포와 상권규모, 교통시설을 이용한 접근용이성, 주변상권의 변화 가능성 등의 장.단기적인 검토를 거친 후 창업해야 한다.

3. 사업계획 수립 및 사업성 분석

창업을 할 때에는 사업성 검토 후 사업계획서를 작성해 보아야 한다. 사업계획서를 작성할 때는 해당 사업내용과 추진일정 등이 구체적이고 객관적으로 작성되어야 하며, 상대방으로 하여금 신뢰성을 주고 미래의 판매 예상 및 현금흐름에 대한 문제점 여부를 사전에 파악할 수 있는 사업계획서가 작성되어야 한다.

1) 사업계획서의 정의

사업계획서는 신규 계획사업과 관련하여 투자 생산 판매 재무 등 제반경영분야의 추진계획을 정리한 보고서로 계획사업 추진에 있어 기본이 되는 계획서를 말한다.

2) 사업계획서의 내용

(1) **점포개요**: 점포명, 소재지, 설립일자, 주요영업내용, 연혁, 경영주이력 등

(2) **계획사업개요**: 계획사업명, 계획사업추진배경, 계획사업효과 계획제품의 개요 및 특성

(3) **판매계획**: 계획제품의 용도 주요 판매처 국내외 수급현황 및 전망, 국내외 경쟁업체 현황 및 전망, 판매전략, 중장기 매출계획, 신제품개발계획

(4) **시설계획**: 주요 시설내용 공사일정계획, 시설능력

(5) **소요자금 및 자금조달계획**: 시설투자소요자금 기타소요자금, 조달내역

(6) **재무계획**: 중장기손익추정, 제조원가산정, 중장기자금수지예상, 중장기대차대조표, 각종 추정자료의 추정근거

3) 사업계획서 작성시 분석해야할 요소

(1) 창업 가능성 검토

창업자의 적성에 맞아야하고 창업하고자 하는 사업에 대한 전문지식을 습득해야 한다.

총 소요 자금 중 자기자본과 타인자본의 비율은 7:3이 적당하며, 사업장의 입지조건, 유동인구, 주변상권, 고객층, 경쟁점, 접근의 용이성 등을 감안해 결정한다.

(2) 사업타당성 검토

업종선택은 2~3개 업체로 범위를 넓혀 비교분석하고 자영업으로 할 것인지 프랜차이즈점으로 할 것인지를 결정해야 한다.

선택한 업종의 분포현황과 개별점포의 매출이 긍정적인지를 확인해야하며, 업종의 발전단계가 쇠퇴가 아닌 도입기나 성장기업종을 선택한다.

4) 사업타당성 분석

사업타당성 분석은 구상하는 사업의 형성요소를 정확하게 파악하는 기회를 제공하고, 사업의 적정규모와 어떠한 영업형태가 좋은가를 알 수 있어서 창업실패로 인하 손실과 시행착오를 예방한다.

또한 예비창업자의 사업에 대한 지식 기반을 확고히 하여 사업경영에 큰 도움을 줄 수 있다.

(1) 사업타당성의 평가요소

사업성 평가요소란 사업타당성 검토를 위해 분석해 보아야할 항목을 말하며, 이는 사업타당성 검토 목적에 따라 해당 항목에 약간의 차이가 있다. 엄격하게 말하면 어떤 목적으로 사업 타당성을 분석하느냐에 따라 사업성 평가요소의 가중치가 달라질 수 있음을 의미한다. 그러나 근본적으로 사업의 성공가능성을 분석한다는 목적은 같은 것이며, 결국 이 평가항목의 차이란 사업성 평가 각 요소의 차이라기보다는 어느 정도 심층적인 사업성 분석이 가능한가에 있다고 보아야 할 것이다. 계획 사업의 성공가능성을 체계적이고 합리적으로 분석, 평가하기 위한 사업성 평가 항목은 일반적으로 아래와 같다.

① 창업자의 사업수행능력 평가: 기업가로서의 적정과 자질(장단점 파악), 창업자의 경험과 경력 그리고 이것에 의한 업종선택의 적합성 등을 검토

② 시장성 분석: 시장의 특성 및 구조, 잠재수요, 유통경로, 판매시장 환경, 경쟁상태, 시장진입 가능성 및 중장기 수급 전망 등을 검토

③ 기술성 분석: 제품의 기술수준, 품질, 성능분석, 생산시설 계획, 기술 및 기능인력 확보 등을 검토

④ 경제성(수익성) 평가: 수익전망, 소요자금의 규모 및 조달가능성, 자금운용 계획, 사업의 위협요소, 성장가능성 등을 검토

5) 자금운용계획과 손익계산서

창업에 소요되는 자금은 시설자금과 운영자금으로 나누어 볼 수 있다. 이들 자금의 조달 시에는 순수 자기 자본을 최대화하고 타인자금(은행, 금고, 사채 등) 비율을 최소화시킬 수 있는 범위 내에서 해야 한다. 타인 자금의 비율이 높으면 매월 고정이자율 부담이 크고, 손익분기점에 이르는 시간도 길어져 자칫 악순환을 일으켜 실패할 수도 있다. 창업 시 건물임대료를 포함하여 사업자금의 2/3이상

을 자기자본으로 출발할 때 비교적 안정적이라고 볼 수 있다.

영업이 부진할 경우를 대비하여 최소한 3개월분 원부재료 구입자금은 확보해 두어야 한다. 대개 창업 후 3개월 내지 6개월이 지나면 사업 성패의 갈림길이 나타나므로 그때까지 견디는 자금을 예비비로 별도 확보해 두어야 한다.

4. 개업준비와 창업 후 영업개시 요령

어떤 업종이든 계획적인 창업절차를 밟지 않고 사업이 순조롭길 바랄 수 는 없다. 창업을 하기 위해선 많은 것들을 준비해야 하므로 간혹 준비단계에서 빠지는 것들이 있다. 이들을 방지하기 위해서 단계별, 기간별 체크리스트를 작성하여 꼼꼼히 챙기는 것이 중요하다. 계획에 따라서 종업원을 채용하고, 인테리어 공사를 하고, 상품을 진열하고, 점포를 홍보하는 일련의 개업준비 과정을 빈틈없이 진행하고 영업을 개시해야 한다.

샌드위치 전문점 창업자가 사전계획에 따라서 모든 준비를 완료하고 개업하여 본격적으로 영업을 시작하기 전에 준비하여야 할 절차를 살펴보면 다음과 같다.

1) 종업원구성

일반적으로 종업원들은 정착률이 낮아서 이직률이 높고, 시간근무제가 가능하여 성수기에는 임시직원을 채용할 수 있다. 그러므로 가급적 종업원의 수를 최소화하고 경우에 따라서 식구들을 활용할 필요가 있으며, 경험 있는 종업원이 필요할 경우 사전에 채용조건에 대한 확실한 조율이 있어야 한다.

주방에서 일하는 종업원은 음식 맛을 좌우하며, 홀의 접객 종업원은 고객에 대한 서비스의 수준을 좌우한다. 점주와 종업원들은 상호 신뢰에 바탕을 둔 인간관계를 유지하는 것이 무엇보다 중요하다.

2) 시설공사, 실내인테리어

개업에 앞서 매장 시설공사와 실내 인테리어 및 내부장식은 투자계획에 따라 예상 투자비가 초과하지 않는 범위 내에서 추진하되 매장 시설은 체인본사가 지정하는 업체가 있을 경우는 그 지정 업체와 하고, 지정되어있지 않는 경우는 창업자가 견적을 받아 선정한 전문업체와 일괄계약하는 것이 유리하다.

그리고 점포의 외부 디자인은 고객이 노력하지 않고도 쉽게 발견

할 수 있게 설계해야 한다.

고객흡입형 점포로 고객이 외부에서 점포내의 분위기를 느낄 수 있도록 설계하여 고객 흡인기능을 중시하여야 한다. 내부디자인은 고객의 식욕을 높이기 위해 점포내의 분위기를 즐겁고 편안하게, 점포가 더욱 매력적으로 느낄 수 있도록 설계하며, 내부면적의 배분은 매장 및 비매장 면적의 비율과 주방 등을 가장 효율적으로 구성하는 것에 신경 써야 한다.

점포의 바깥 조명은 고객을 흡입하고 인도하며 영업 시간외에도 점포의 존재를 기억시키는 역할을 할 수 있도록 하고, 점포안의 조명은 고객으로 하여금 음식메뉴 선정에 도움을 준다. 음식을 돋보이게 하는 분위기를 위해 색채를 선정하는 것이 중요하다.

3) 식자재 수급

가맹점의 경우 주재료를 체인본사와 약정된 품질수준으로 적정가격에, 안정적으로 공급받도록 문서로 계약하고 주문방법, 납품방법, 가격, 발주 후 입고까지의 시간, 하차 및 진열유무 선수금, 하자 반품조건, 결제방법, 하자품의 반품방법, 계약기간, 수급해약조건, 위약금 등을 계약서에 명시하여 책임소재를 명확히 하고, 자금조달 범위

내에서 적정한 재료와 적정 구매량을 발주한다.

또한 매출 계획에 따라 투자액과 예상목표 이익액을 비교하여 매출 목표액을 결정하고 목표달성을 위한 메뉴구성을 결정한다.

4) 홍보(개업안내문, 광고 및 진단 배포 등)

개업을 전후하여 광고, 홍보, 인적판매 등 판촉활동을 실시하여 점포를 알린다. 그 방법은 전단지 배포, 신문잡지, DM발송, 할인권 배포, 현수막 설치, 판촉물 제작 및 배포 등이다.

① 현수막: 새로운 외식점포의 탄생을 상권내에 공고하는 현수막을 제작하여 구청 등에서 지정한 플랜카드 게첨대에 오픈하기 20일 전쯤 게첨하고, 개점한다는 것을 사전에 홍보한다.

너무 큰 현수막을 게첨하거나, 전신주 등에 허가 없이 부착하면 관할 구청에서 철거하므로 부착허가를 받는 것이 안전하다.

② 전단지: 전문점의 상호, 주요메뉴, 개업일자, 전화번호, 상호, 가격정책, 맛 등 핵심적인 내용을 넣어 1회당 2천~5천부 정도를 제작하고, 직접 배포하거나 신문잡지, 지하철역, 불특정 다수의 유동인구(여성층 위주), 주변아파트나 주택가 밀집지역에 배포한다.

③ 할인권 배포: 상권내 주요 고객이 일단은 점포에 내방하도록

하는 것이 관건이다. 전단지 배포나 신문잡지 등에서 회수율이 적다면 개업기념 음식가격 할인이나 판촉물 등으로 초기 고객을 유지할 필요가 있다.

④ 광고마케팅 실행: 광고매채를 이용한다. 가능한 인터넷을 통한 광고 및 체인본사 홈페이지를 활용하며, 맛과 영양, 친절과 미소, 예의, 청결, 위생을 강조하는 광고전략으로 월간잡지, 외식전문지 광고를 활용한다.

⑤ 고객에 의한 구전홍보: 철저한 고객관리로 구전이나 맛에 대한 평판이나 친절한 서비스 소개를 통하여 인적인 홍보효과를 누린다.

급변하는 사회에서 사람들은 보다 빠른 것을 추구한다. 이러한 경향은 젊은층으로 갈수록 더 확연하게 드러난다. 패스트푸드 시장의 주고객층 연령이 10~30대라는 것은 이러한 사실을 뒷받침해 준다.

그들은 패스트푸드를 단지 간식거리가 아닌 바쁜 생활속에서의 한 끼 식사의 대용식으로 생각할 때가 많다. 그러나 대표적인 패스트푸드인 햄버거, 피자, 치킨 등은 상대적으로 재료의 신선도가 떨어지고 웰빙트렌드에 맞추어 수요층을 흡수하기에는 부족하다.

이런 시점에서 고객의 요구를 받아들여서 그들이 원하는 재료와 방식으로 음식을 만들어 판매하는 전문점이 생긴다면, 패스트푸드를 즐기는 수많은 사람들을 끌어들일 수 있다. 가격 또한 사용하는 재료에 따라 천원대에서 만원대까지 다양하다.

특히 고급화한 소스와 신선한 야채를 사용한 프리미엄급 메뉴는 커피, 주스, 우유 등 음료와 곁들여져 신세대 직장인들의 한 끼 식사나 간식으로 주목받고 있다.

본 창업은 지금까지의 패스트푸드점 운영방식에서 벗어나 저렴한 가격에 소비자의 요구에 부합하는 신선한 샌드위치를 제공함으로써 이른바 패스트푸드족들을 끌어들여 이윤을 창출하는 것이다.

대학생들이나 젊은 직장인들이 주 고객층이 될 것이며 그들의 입맛에 맞는 음식을 만들어 주고 많은 단골고객을 확보할 수 있어서 충분한 이윤창출이 가능한 아이템으로 시장규모가 확대되고 있어, 본인의 적극적인 노력 여하에 따라 사업 성공 여부가 높다고 할 수 있다.

참고문헌

고승희, '만두 트렌드를 빚다', 헤럴드 경제, 2017.2.1.

권상은. 권광순. 정성원. 김정엽. 김석모, '전국의 국밥' 조선일보 2015.01.22.

김광희, '상권과 입지 장사 목', (서울:미래와 경영), 2005.

김미영, '10평의 기적', (서울:문화사), 2010.

김브로니, '주목받는 FC브랜드', 외식경영, 2015.2., 98-99.

김상훈,「불멸의 창업인기아이템」, 월간외식경제(2016. 02.), 100.

______, '운영 편의성, 가격 경쟁력에 주목', 월간식당, 2017,08, 157.

김설아, '패밀리 레스토랑의 몰락, 질릴 법도 하지', 머니위크 2015.03.19.

김성은, '프리미엄 김밥 전문점', 월간식당.

김영식.전용수.권규미,「외식경영사례」, (서울:기문사), 321-355.

김준성, '주목할 프랜차이즈 외식경영', 2016.6., 102-103

김지원, '소상공인을 위한 디자인 가이드 매뉴얼 개발 연구 소상공인진흥원, 2014.

______, '프랜차이즈 집중탐구', 월간식당, 2014.2., 206-207.

김지윤, 헤럴드 경제, 2017.6.1.

박천수, '프랜차이즈 100', 창업경영신문, 2013.6.27.

이지연, 프랜차이즈 집중탐구 월간식당 2014 2 206-207

______, '스테디셀러 분식아이템 김밥', 월간식당, 2013.4., 180-182.

월간식당 성공레시피 2015.12 136-138

육주희, '성공레시피', 월간식당, 2014.06, 102-108.

______, '김밥 일번지', 월간식당, 2015.12., 135-138.

외식경영 주목받는 FC브랜드 2015.2 98-99

이재형, '외식경영 성공전략', 외식경영, 2016.1., 134-135.

이홍구, '무인화.셀프시스템 도입한 저가형 국밥시장', 월간식당, 2017.08, 155-156.

지유리, '신규프랜차이즈 5선', 창업&프랜차이즈 2017.1, 220-221.

최영욱. 노상욱(2010), 「잘되는 이색 아이템」, (서울 : ㈜새빛에듀넷).

황해원, 'FC집중탐구. 방스만두', 월간식당, 2015.11, 178-179.

공정거래위원회 가맹사업거래 정보공개서 2015~2016

국민건강보험공단, http://www.nhic.or.kr

소상공인진흥원 상권분석시스템, http://sg.smba.go.kr

한국음식업중앙회, http://www.ekra.or.kr

한국프랜차이즈협회, http://www.ikfa.or.kr

한국휴게음식업중앙회, http://www.efa.or.kr

통계청, http://www.kostat.go.kr

SBS NeTV, http://netv.sbs.co.kr

한눈에 읽는 외식창업 성공이야기 [시리즈 18]

복고·감성 틈새전략

패스트푸드 전문점

발 행 일 : 2018年 6月 1日

저 자 : 김 병 욱

발 행 처 : 킴스정보전략연구소

홈 페 이 지 : http://www.kimsinfo.co.kr

주 소 : 서울시 강동구 성내로8길 9-19(성내동 550-6) 유봉빌딩 301호(☎ 482-6374~5, FAX : 482-6376)

출판등록번호 : 제17-310호(등록일: 2001.12.26)

인 쇄 : 으 뜸 사

I S B N : 97911-7012-145-9

※ 당 연구소에서 발간하는 도서구입, 도서발행, 연구위탁, 강의, 내용질의, 컨설팅, 자문 등에 대한 문의 ☏(02)482-6374.